Entre las sombras del mañana

Johan Huizinga

Entre las sombras del mañana
Diagnóstico de la enfermedad
cultural de nuestro tiempo

sequitur

sequitur [sic: *sékwitur*]:

Tercera persona del presente indicativo del verbo latino *sequor*:
procede, prosigue, resulta, sigue.
Inferencia que se deduce de las premisas:
secuencia conforme, movimiento acorde, dinámica en cauce.

In de schaduwen van morgen.
Een diagnose van het geestelijk lijden van onze tijd.
H. Tjeenk Willink, Haarlem, 1935

Traducción de María de Meyere
Publicada por Revista de Occidente, Madrid, 1936

© Ediciones sequitur, Madrid 2025
www.sequitur.es

ISBN: 978-84-128025-8-0
Depósito legal: M-1889-2025

Índice

Este libro es el desarrollo de una conferencia dada en Bruselas el día 8 de marzo de 1935.
Es posible que muchos de mis lectores me llamen pesimista. He aquí mi única réplica: soy optimista.

Leiden, 30 de julio de 1935

J. H.*

* JOHAN HUIZINGA (Groningen, 1872 - De Steeg, 1945) historiador y lingüista holandés, profesor en las Universidades, primero, de Groningen y, luego, de Leiden, es autor de varios títulos clásicos de la historiografía europea del siglo XX, como *Homo ludens*, *El otoño de la Edad Media*, *El problema del Renacimiento*, *De lo lúdico y lo serio* o *Erasmo*. Defensor de la civilización europea y de la libertad, fue apartado en 1942 por los nazis de su cátedra y confinado en un pueblo cercano a Arnhem, donde falleció pocas semanas antes de la capitulación alemana. Está enterrado en Oegstgeest, a las afueras de Leiden.

I. Presentimientos de decadencia

Vivimos en un mundo enloquecido. Y lo sabemos. A nadie sorprendería que, huido el espíritu, la locura estallase de repente en frenesí, dejando embrutecida y mentecata a esta pobre humanidad europea, bajo el ondear de sus banderas y el zumbido de sus motores.

Por doquiera surgen dudas acerca de la estabilidad de nuestro régimen social, un vago miedo al mañana, sensaciones de decadencia y derrumbamiento. No son meras pesadillas de esas que nos sobrecogen en las horas muertas de la noche, cuando la llamita de la vida reduce su luz. Son previsiones meditadas, fundadas en observación y juicio. Los hechos nos abruman. Nos encontramos con que casi todas las cosas que antes considerábamos más sólidas y sagradas, empiezan a tambalearse: la verdad y la humanidad, la razón y la justicia. Vemos formas de Estado que ya no funcionan, sistemas de producción que están a punto de desmoronarse. Descubrimos fuerzas sociales que no cesan de trabajar, en loco frenesí. La máquina retumbante de este formidable tiempo está a punto de parar en seco.

Pero en seguida se impone el contraste. Más y mejor que nunca el hombre de hoy tiene conciencia de que le incumbe la imperiosa tarea de colaborar a la conservación y perfeccionamiento del bienestar y la civilización terrenales. La dedicación al trabajo es tan grande como cuando más lo haya sido. Jamás el hombre ha estado tan dispuesto a trabajar, a correr riesgo, a consagrar en cada momento su valor y toda su persona a una salvación común. No ha perdido la esperanza.

Si la presente civilización ha de sobrevivir, si no ha de naufragar en siglos de barbarie, sino que, conservando los más altos valores, que son su patrimonio, ha de venir a consolidarse en un nuevo estadio de vida, es preciso que los contemporáneos se den clara cuenta de las dimensiones que la decadencia ha alcanzado.

En estos últimos años todo el mundo habla de innumerables menoscabos e inminente ruina de la civilización. La mayor parte de los hombres no se ha preocupado de tales contingencias hasta que ha experimentado en su cuerpo la crisis económica. Más se aprende por la carne que por el espíritu. Los qué consagran sus pensamientos sistemáticos y críticos al tema de la sociedad y de la civilización: filósofos y sociólogos, ya sabían, claro está, que la moderna civilización, la civilización de las civilizaciones, no era tan perfecta como se decía. Para ellos, desde luego, es evidente que el desequilibrio económico representa tan sólo un fenómeno entre otros de un proceso cultural mucho más amplio.

La primera década de este siglo apenas si conoció temibles perspectivas en el porvenir de la cultura. Sacudidas y angustias, rozamientos y amagos hubo también en aquel momento, como los hay siempre. Pero exceptuando quizá el peligro de la "revolución" con que el marxismo amenazaba al mundo, no aparecían como males capaces de arruinar la constitución misma del planeta. Y en cuanto a esa anunciada revolución, sus antagonistas creían poder atajarla, y sus partidarios la consideraban más bien como salvación que como ruina. Las disputas sobre decadencia en el último decenio del siglo anterior no habían sobrepasado el terreno de una moda literaria. La tempestad del anarquismo activo se había apaciguado, al parecer, tras el asesinato de Mac-Kinley. El socialismo parecía desarrollarse con orientación reformista. A pesar de la guerra de los Boers y de la ruso-japonesa, pudo todavía considerarse la primera Conferencia de la paz como inauguración de una nueva era de armonía internacional. La tónica de todas las esferas culturales inspiraba todavía al hombre una confianza certera en que la raza blanca, raza dominadora, encauzaba al mundo por caminos directos y anchurosos hacia la concordia y el bienestar, por la libertad y la humanidad, bajo la protección de un saber y un poder que parecían aproximarse ya a sus más altas cimas. ¡Concordia y bienestar! Sí, ¡pero con tal de que la política no perdiera la cabeza! Y esto es lo que ha pasado.

Los años mismos de la Gran Guerra no trajeron aún la peripecia. La atención de todos quedaba cautivada por las preocupaciones inmediatas: arrostremos la guerra con todas nuestras fuerzas, y después, cuando haya pasado, lo reconstruiremos todo en un nivel muy superior; más aún: llegaremos a crear una bienandanza perdurable. Incluso las primeras jornadas de la postguerra transcurrieron para muchos en la expectación optimista de un internacionalismo bienhechor. Luego, el incipiente seudoflorecimiento de la industria y del comercio –que quedó tronchado en 1929– impidió durante algunos años el que surgiera un general pesimismo acerca de la cultura.

Pero ahora la conciencia de que vivimos en una tremenda crisis cultural, que arrastra al mundo hacia una catástrofe final, se ha difundido en amplias esferas. *La Decadencia de Occidente*, de Spengler, dio la voz de alerta a un sinnúmero de gentes en todo el mundo. No es que todos los lectores del famoso libro se hayan convertido a las opiniones allí expuestas. Pero a los que estaban instalados firmemente en una impremeditada fe progresista les ha familiarizado con la idea de un posible descenso de la cultura actual. Un inquebrantable optimismo cultural sólo pueden sentir por lo pronto quienes, por falta de penetración, no comprendan lo que necesita la cultura, siendo ellos mismos ejemplares típicos de hombres afectados por el proceso de decaimiento; o los que creen que en su doctrina de salvación social o política conservan el germen de la venidera civilización para sembrarlo en seguida en el solar de la humanidad desheredada.

Entre el pesimismo cultural y la seguridad de una salvación futura en esta tierra oscilan los que viendo los males y defectos del presente y aun ignorando cómo van a curarlos o atajarlos, no cejan en su empeño de comprender y, dispuestos a sobrellevarlo todo, trabajan y esperan.

Sería de gran interés ver representada en una curva la velocidad con que la palabra "progreso" está desapareciendo del vocabulario usual.

II. LOS TEMORES DE AHORA Y LOS DE ANTAÑO

Cabe plantear la siguiente cuestión: ¿no se exagera acaso la gravedad de la crisis cultural precisamente por la conciencia tan clara que tenemos de ella? Los anteriores períodos peligrosos ni siquiera sospechaban la existencia de la economía, la sociología, la psicología. Además, carecían de esa publicidad inmediata y universal que hoy tenemos de cuanto sucede en el mundo.

Nosotros, en cambio, vemos la menor resquebrajadura en el barniz, oímos el menor crujido de las ensambladuras. Precisamente por ser tan variados y exactos nuestros conocimientos tenemos de continuo en cuenta lo absolutamente "peligroso" de la situación, el carácter sumamente inestable de la sociedad. Nuestro "horizonte de expectativas", como lo ha llamado gráficamente Karl Mannheim, no hace mucho,[1] se ha dilatado considerablemente; y por otra parte, los anteojos de las ciencias nos muestran las figuras que se hallan en él o cerca de él con aterradora claridad.

Será, pues, útil orientar históricamente nuestro sentimiento de la crisis, comparándolo con otros similares en tiempos pretéritos de grandes trastornos. Al punto resulta una diferencia muy esencial entre ahora y antaño. En algunas épocas, esta conciencia de crisis ha sido muy viva; pensábase que el mundo (concibiérase grande o pequeño) estaba en peligro, se hallaba amenazado de decadencia o ruina. Este sentimiento, empero, se resolvía generalmente en la expectación de un próximo fin del mundo. El pensamiento de cómo atajar el mal no surgía. Desde luego, el antiguo sentimiento de crisis no estaba nunca formulado científicamente. Adoptaba una forma sobre todo religiosa. Junto a los pensamientos del fin del mundo

1. Véase *Mensch und Gesellschaft im Zeitalter des Umbaus*, 1935, pág. 132.

y del juicio final no había mucho margen para angustias terrenales; y ese margen ocupábalo una sensación de perdición, que continuaba flotando en una vaga congoja. Descargaba ésta en odio contra los poderes reputados culpables de la miseria terrenal, contra los malvados en general, herejes, brujas, hechiceros, ricos, consejeros del rey, aristócratas, jesuitas, masones, según la orientación de cada época en particular. Aun hoy ganan terreno ciertas formas toscas y viles del juicio, que de nuevo evocan en muchas mentes vivísimos fantasmas de espíritus diabólicos y malignos. Hasta personas cultas se entregan hoy a veces a una malicia de juicio que sólo podría disculparse en la plebe más baja e ignorante.

No siempre la expectación del futuro y el menosprecio del presente quedaron absorbidos por las visiones de un próximo fin del mundo y de una sanción eterna. En más de una ocasión las mentes concibieron la promesa de un bello porvenir terrenal que viniera a sustituir al presente malo. Pero también la índole de esta esperanza se distinguía del actual sentimiento de la cultura. El hermoso futuro siempre parecía cercano; muy pronto iba a alborear; sólo faltaba, por decirlo así, poner la mano en él, ya reconociendo un error, o superando alguna equivocación, o practicando la virtud. Veíase el cambio como una próxima vuelta, como un inmediato regreso.

Así lo concibió la predicación religiosa, que además de la eterna salvación tomaba también en cuenta la paz en la tierra. Así lo concibió Erasmo: en el conocimiento de la antigua cultura, ahora reconquistada, estaba la clave que daría acceso a las puras fuentes de la fe; ya nada obstaba a que la perfección terrenal llegase a sus extremos límites; después, la concordia, la humanidad y la civilización serían los frutos de la nueva inteligencia. También para la ilustración racionalista del siglo XVIII y para Rousseau, que fue su sucesor, la bienandanza del mundo dependía tan sólo de que los hombres se dieran cuenta y tornaran a su naturaleza. Los espíritus de la Ilustración proponíanse como único objetivo el triunfo de la ciencia sobre la superstición. Rousseau predicaba el regreso a la naturaleza y el cultivo de la virtud. Esta representación antiquísima, una y otra vez renovada, de una sencilla vuelta o giro de la sociedad, originó la idea de revolución. El término revolución está tomado del movimiento de la rueda. En el fondo esta representación veíase siempre la rueda de la Fortuna. En el sentido político, la palabra se aplica primero a simples vueltas, como la de 1688. Sólo después del gran fenómeno de 1789 el concepto de revolución va llenándose, en el curso del siglo XIX, con todo el significado que le da el socialismo. La revolución, como idea, sigue siendo –en consonancia con el antiguo concepto– la salvación rápida, de una vez para siempre.

A aquella representación secular de una vuelta repentina de la sociedad, conscientemente apetecida, opónese el conocimiento moderno y sólidamente fundado de que todo lo natural y humano es producto de un sinnúmero de fuerzas, orgánicamente subordinadas, que trabajan lentamente. Nuestro espíritu puede, sin necesidad de caer en un determinismo incondicional, concebir la intervención de las resoluciones humanas en la marcha de las fuerzas sociales, como sólo un factor de limitada acción. Agrupándose eficazmente y utilizando sus energías propias y más valiosas, el hombre puede aprovechar las fuerzas naturales y sociales que dirigen el juego de la colectividad. Puede promover así ciertas tendencias del proceso, aunque nunca logrará torcer su dirección. Pues bien, a esta convicción de la irreversibilidad del proceso social le ponemos como marco el término de *desarrollo*. Es éste un concepto que contiene su propia contradicción. No obstante, se nos ha hecho indispensable como herramienta del pensamiento. Desarrollo significa necesidad limitada. Desarrollo es la antítesis de *Trastorno y Revolución*. Y frente a las expectaciones ingenuas de tiempos anteriores, que creían cercano bien el fin de todo, bien la Edad de Oro, nuestro pensamiento pone la convicción certera de que la crisis actual constituye, de uno u otro modo, una fase en un proceso progresivo e irreversible. Cualquiera que sea nuestra intención u orientación, todos sabemos que no podemos volver atrás y que tenemos que pasar *por ella*. He aquí lo totalmente nuevo y único en nuestro sentimiento de la crisis.

La tercera diferencia entre el antiguo sentimiento de crisis y el nuestro actual está ya incluida en la segunda. Los que antaño predicaban edades mejores, los reformadores y profetas, los fomentadores y maestros de renacimientos y restauraciones, han evocado siempre los encantos del pretérito, han exhortado siempre al retorno, al restablecimiento de pasadas purezas. Los humanistas, los reformadores, los moralistas del tipo de Séneca, Rousseau, Mahoma y hasta los profetas de cualquier tribu negra del Africa Central, han puesto siempre la mirada en un pasado imaginativo, mejor que el tosco presente, y han predicado el regreso a él.

Nosotros no despreciamos la gloria pasada. Sabemos que muchas cosas en muchas épocas –y aun recientes– han sido superiores a lo que son ahora. Determinadas relaciones especiales quizá lleguen alguna vez a restablecerse a semejanza mayor con formas anteriores preferibles. Pero aunque sabemos esto, sin embargo, para nosotros no existe el lema de ¡atrás! Vamos "adelante", aunque nos causen vértigo las honduras y lejanías desconocidas, aunque el inmediato porvenir se abra ante nosotros como abismo envuelto en tinieblas.

III. LA ACTUAL CRISIS CULTURAL COMPARADA CON OTRAS ANTERIORES

Bien que no vayamos hacia atrás, sin embargo, el pasado puede encerrar enseñanzas y servirnos de orientación. ¿Cabe señalar casos históricos en que la civilización de una nación, imperio o continente, pasó por dolores tan fuertes como los que atraviesa nuestro tiempo? Crisis cultural es un concepto histórico. Si comparamos el tiempo presente con otros semejantes del pasado, orientándolo en la Historia, lograremos dar a aquel concepto cierta forma objetiva. De precedentes crisis culturales conocemos no sólo el comienzo y desarrollo, sino también el remate. Nuestro conocimiento de ellas tiene, pues, una dimensión más. En algunos casos, toda una civilización ha acabado por derrumbarse; en otros ha revivido y se ha remozado. Esos procesos históricos podemos juzgarlos como casos conclusos; y aunque esta necroscopia histórica no prometa terapéutica certera para el presente y ni aun siquiera tal vez pronóstico, no debemos omitir medio alguno para llegar a entender la índole del mal.

Pero en seguida se impone una gran restricción. El material de casos comparables es menos extenso de lo que pudiera parecer. De las numerosas civilizaciones, cuyos restos reaparecen casi de año en año ante nuestros ojos, surgiendo en las arenas de los desiertos, los escombros de los despoblados o la vegetación tropical, sabemos todavía –por elocuentes que sean esos restos– harto poco en lo referente a su historia interna, para poder emitir un juicio sobre las causas de su decadencia y ruina; a no ser que sean de tipo catastrófico. Ni siquiera el antiguo Egipto y la antigua Grecia aportan materia suficiente para una comparación detenida. Sólo los veinte siglos que transcurren desde el imperio de Augusto y la vida de Cristo están bastante próximos a nosotros para permitir comparaciones fructíferas.

Ahora cabe preguntar: ¿No ha estado la civilización durante todos esos veinte siglos, año por año, en crisis? ¿No es toda la historia humana algo sobremanera precario? Sin duda alguna. Pero éstas son filosofías, declamaciones sobre la vida, que tienen utilidad a su hora y tiempo. El juicio histórico, al considerar los acaecimientos desde el punto de vista del cambio intensivo de orientación cultural, distingue muy positivamente determinadas unidades históricas, en las cuales concentra nuestro conocimiento de los tiempos pasados.

Suelen denominarse: la transición de la Antigüedad a la Edad Media, la transición de la Edad Media a la Edad Moderna, y la del siglo XVIII al XIX.

Situémonos primero alrededor de 1500. Los cambios han sido enormes. Se ha descubierto la Tierra, se ha descifrado la estructura del Universo, está dividida la Iglesia; la imprenta, en plena actividad, multiplica infinitamente la palabra; se han perfeccionado los armamentos; se han dilatado con exuberancia el crédito y la circulación de la moneda; ha sido redescubierto el griego; menospréciase la antigua arquitectura, y el arte despliega una fuerza titánica. Consideremos luego la época de 1789-1815. De nuevo estallan los acontecimientos en el mundo con el estampido del trueno. El reino más ilustre de Europa ha sucumbido a las ideas quiméricas de los filósofos y al furor de la canalla, resucitando luego por la acción y la buena estrella de un genio militar. Ha sido instaurada la libertad y abandonadas las creencias de la Iglesia. La Europa, hecha pedazos, es nuevamente encolada. El vapor con su continuo jadear estremece los nuevos telares. La ciencia conquista territorios incógnitos. El mundo del espíritu se enriquece merced a la filosofía alemana. América llega política y económicamente a su mayoría de edad. Pero es todavía un niño gigante en la cultura.

Al pronto aparece el sismógrafo de la Historia, en ambas épocas, tan conmovido como ahora. Considerados someramente, esos desprendimientos, esas sacudidas y marejadas de entonces no parecen producir menores efectos que los de nuestro tiempo. Sin embargo, si calamos más hondo, pronto advertimos que en la crisis de la época actual la sociedad se halla más radicalmente minada por su base que en las dos precedentes del Renacimiento y Reforma, y de la Revolución y Napoleón. Sobre todo, en esas épocas críticas, la esperanza y los ideales siguieron dominando más que hoy. Aunque también entonces hubo quien creyó que agonizaba el mundo, con todo lo que tenía de más valioso, sin embargo, la sensación de que la civilización entera se hallaba en peligro inminente de derrumbamiento no estuvo en aquellos tiempos tan ampliamente difundida, ni basada en tan exactas observaciones como en nuestros días.

Para nuestra visión histórica, esas dos épocas ostentan el carácter no sólo de crisis, sino también y sobre todo de ascensión.

La sociedad –ya lo hemos dicho– estaba menos minada en su base hacia 1500 y hacia 1800 que hoy. Por mucha que fuese la violencia con que se odiaban y combatían desde la Reforma el mundo católico y el protestante, sin embargo, el fundamento común de su fe y de la organización de sus cultos los hacía mucho más afines entre sí. Además, el rompimiento con el pasado fue entonces mucho menor que el abismo casi infranqueable que se abre hoy entre la negación absoluta de la fe o del cristianismo y la restauración de los antiguos fundamentos cristianos. En el siglo XVI (salvo algunos desbordamientos fantásticos) nadie piensa todavía en un ataque radical y fundamentado a la moral cristiana. Apenas si se inicia hacia 1800. Los cambios en la organización del Estado, que entre 1789 y 1815 se llevan a cabo –prescindiendo del siglo XVI– son, pese a las innovaciones de la Revolución francesa, de mucho menor alcance que los que hemos presenciado desde 1914. Nada sabe el siglo XVI, ni el incipiente siglo XIX, de doctrinas como la de la contraposición y lucha de clases, que tienden a minar sistemáticamente el orden y la unidad sociales. La vida industrial presenta sin duda en las dos épocas el mal cariz de la crisis, pero no el de un desequilibrio intensísimo. Las profundas conmociones económicas del siglo XVI, el capitalismo virulento, las grandes quiebras, la subida general de precios, no ocasionan, ni siquiera un momento, esa universal congestión espasmódica del giro comercial, ni esas fiebres delirantes de los valores, que hoy padecemos. El daño que causaron los "asignados" en el período de 1793 no tiene importancia alguna, comparado con nuestro prolongado barullo monetario. Tampoco la llamada revolución industrial (término harto dudoso) ha tenido el carácter de una perturbación intensa, sino más bien el de un crecimiento unilateral.

Si se quiere aplicar un método de mayor precisión para dilucidar el estado febril de la vida cultural actual, considérese el desarrollo del arte. Todas las transiciones que el arte sufrió desde el "quatrocento" hasta el rococó, fueron paulatinas, conservadoras, manteniendo con rigor el punto del adiestramiento y la habilidad en las artes. Hasta el impresionismo no empieza ese abandono de todos los principios, abandono que más tarde ha de despejar el campo para todas las extravagancias de moda, aguijoneadas por el reclamo, como las vemos en los primeros decenios del presente siglo.

La comparación de nuestro tiempo con el de 1500 y el de 1800 nos produce, pues, la impresión general de que el mundo está pasando ahora por un proceso de desequilibrio mucho más intenso y radical que en esas dos épocas anteriores.

La cuestión que ahora se nos plantea es la de hasta qué punto puedan establecerse comparaciones entre el cambio de rumbo que nosotros presenciamos y el que se llevó a cabo en la transición de la Antigüedad a la Edad Media, en el marco del Imperio romano.

Entonces vemos, en efecto, que acontece lo mismo que ahora muchos consideran inminente: una civilización elevada y riquísima va poco a poco cediendo el puesto a otra que al principio es innegablemente inferior y de paupérrima organización. Pero en seguida advertimos una diferencia enorme, que dificulta nuestra comparación. Aquella cultura decadente de 500 después de Cristo trajo consigo, como patrimonio de la anterior, la elevada forma religiosa en que la cultura antigua en cierto sentido había encallado. Ese mundo bárbaro estaba lleno de un elemento intensamente metafísico. El cristianismo, pese a sus tendencias hacia la renuncia a lo mundanal, llegó a ser la fuerza motriz que de los siglos de barbarie hizo brotar la conclusa y armónica cultura medieval de los siglos XII y XIII, base en que descansa todavía la civilización moderna.

¿Actúa en el día de hoy esa virtud espiritual con igual fuerza para el porvenir? Prosigamos, sin embargo, nuestra comparación. Dejando a un lado el triunfo del cristianismo, es lo cierto que el cambio de orientación cultural en el imperio romano se nos presenta como un proceso de entorpecimiento y de degeneración. Las altas facultades de dominación social, de entendimiento y de expresión espiritual van anquilosándose, resecándose, encogiéndose hasta perderse por completo. Caduca la autoridad del Estado; paralízase la capacidad técnica; mengua la potencia productiva; relájase el espíritu de investigación y de formación, que ya se limitaba en su mayor parte a conservar y reproducir las formas antiguas. En todo esto, el proceso que sigue la cultura en la antigüedad posterior y el que se está verificando en nuestros días, aparecen muy distintos. Hoy la mayor parte de las citadas funciones parecen hallarse más bien en aumento por su intensidad, variedad y refinamiento. Las condiciones generales difieren, además, por completo. En la época de la decadencia romana, una multitud de naciones hallábase encajada en un solo Estado mundial; de un modo sin duda laxo e imperfecto, pero al fin esencial. Ahora, en cambio, vivimos en una organización extremadamente sólida de distintos Estados émulos. En nuestro mundo la eficiencia técnica reina cada vez más indiscutiblemente; la fuerza productora va en aumento, y la capacidad de profundizar en lo cognoscible triunfa cada día más con nuevos descubrimientos. Además, el *tempo* de los cambios es absolutamente diferente. Lo que entonces se media por siglos, mídese, a nuestro parecer, por años. En suma, la comparación con la historia de los años 200 y 600 de nuestra era ofrece muy pocos puntos de contacto que sean de utilidad directa para la intelección de la actual crisis cultural.

Sin embargo, y pese a todas las diferencias, impónese un punto de trascendental importancia. La civilización romana caminaba hacia la barbarie. Nuestra cultura, ¿lleva también el mismo rumbo?

Pero sean cualesquiera los resultados que la comparación con el pretérito puedan proporcionar para la inteligencia de la crisis actual, es lo cierto que nada nos revelan que pueda tranquilizarnos acerca del fin de dicha crisis. Ningún paralelo histórico permite sacar la conclusión de que todo esto acabará por arreglarse. Seguimos lanzados en lo desconocido.

Mas en este punto descúbrese otra diferencia importante con respecto a períodos más antiguos de violentas agitaciones en la vida cultural.

Los hombres de tiempos pasados creían conocer bien los fines a que aspiraban y los medios con que podían lograrlos. Tenían de ellos ideas determinadas y sencillas. El objetivo, como hemos dicho, era casi siempre la restauración, el retorno a la antigua perfección o pureza. El ideal era, pues, retrospectivo; y no sólo el ideal, sino también el método para conseguirlo. Este se hallaba bien claro ante los ojos: consistía en estudiar y practicar la antigua sabiduría y la antigua virtud. La antigua sabiduría, la antigua belleza, la antigua virtud encarnaban en aquellos tiempos precisamente todo lo que hacía falta para crear en este mundo el orden y la bienandanza posibles. En las épocas decadentes y oscuras, los más nobles espíritus –como Boecio– esforzábanse por conservar la sabiduría de los padres, para entregarla como norma e instrumento a las generaciones siguientes. Ello fue un servicio inapreciable. ¿Qué hubiera sido de la alta Edad Media sin Boecio? Luego, en tiempos de ascensión cultural, desenterróse la sabiduría perdida, no sólo para alimentar a la ciencia desinteresada, sino para revalorizarla de nuevo. Tal sucedió con el Derecho romano y Aristóteles. En los siglos XV y XVI, el humanismo representó al mundo los tesoros recién hallados de una antigüedad depurada, como ejemplares eternamente válidos de conocimiento y civilización; no para jurar por ellos, pero sí para reedificar sobre ellos. La casi totalidad de la acción cultural consciente y deliberada en los períodos más antiguos, se ha inspirado de una u otra manera en el principio de la ejemplaridad del pasado.

Nosotros ya no sentimos esta veneración de lo antiguo. Si nuestro tiempo indaga y conserva y comprende la belleza, la sabiduría, la grandeza antiguas, no es –al menos en primer lugar– para convertirse a ella. Nuestras aspiraciones culturales –incluso para los que conceden a los tiempos anteriores mayor aprecio que al presente, ya por su fe, o por su arte, o por la solidez y salud de su régimen social–, no persiguen el ideal ficticio de restablecer el pasado. Ni podemos ni queremos otra cosa que mirar hacia adelante y caminar hacia lejanías desconocidas. La humanidad ha puesto la vista en el porvenir desde hace tres siglos, desde Bacon y Descartes. Sabe que tiene que buscar su propio camino. Afanosa de ir siempre más allá y caminando por sus propias fuerzas, quizá incurra –cabe pensarlo– en extremismos, cuando se siente enfebrecida por anhelos excesivos de encontrar lo absolutamente; nuevo, despreciando todo lo viejo. Pero este modo de pensar es propio de espíritus livianos. Un espíritu cultural enérgico no teme el peso de los valores del pasado y sigue adelante.

No cabe duda de que siempre hay que crear cultura para conservarla.

IV. Condiciones fundamentales de la cultura

¡Cultura! La palabra se nos cae de la boca. ¿Sabemos empero exactamente lo que entendemos por cultura? Nacida en la lengua alemana, la voz cultura se ha difundido por el mundo. El holandés, las lenguas escandinavas y las eslavas la han adoptado desde hace mucho tiempo. También en castellano, en italiano y en el inglés norteamericano es corriente. Sólo en el francés y en el inglés, aunque de antiguo usual en determinadas acepciones, tropieza todavía con cierta resistencia; al menos, no cabe cambiarla lisa y llanamente por la de *civilización*. No es ello un azar. Por su antiguo y riquísimo desarrollo como lenguas científicas, el francés y el inglés no han necesitado, para formar su moderno caudal de vocablos científicos, el precedente alemán, del cual se han aprovechado, en cambio, los demás idiomas europeos, que durante el siglo XIX fueron cada vez más alimentándose en el abundante caudal de expresiones alemanas.

Osvaldo Spengler ha situado los dos términos de *Kultur* y *Zivilisation* en los dos polos de su teoría de la decadencia, tan agudamente expresada. Todo el mundo le ha leído y ha oído la advertencia contenida en sus palabras. Pero hasta ahora no ha sido aceptada ni su terminología ni su juicio.

En el uso corriente la voz cultura no da apenas lugar a equívocos. Sabemos *aproximadamente* lo que se quiere decir con ella. Tratar de precisarla no resulta, sin embargo, nada fácil. ¿Qué es, en qué consiste la cultura? Es difícil dar una definición que agote el contenido todo de la idea. Fácil es, en cambio, enumerar algunas de las condiciones y rasgos fundamentales que deben existir para que se produzca el fenómeno de la cultura.

En primer lugar, la cultura exige cierto equilibrio entre los valores espirituales y los materiales. Este equilibrio permite que florezca cierto estado social, en el cual los hombres sienten su situación como más valiosa y como superior a la satisfacción de las puras necesidades o del puro afán de poderío. El término de valores espirituales abarca aquí los órdenes de lo espiritual, lo intelectual, lo moral y lo estético.

También entre estas esferas debe haber cierto equilibrio o armonía, si se quiere obtener el concepto de cultura. Hablando de equilibrio y no de altura absoluta, nos reservamos la posibilidad de llamar cultura también a ciertos estados de civilización, ya sean primitivos, bajos o groseros; de esta manera evitamos el error de estimar con exceso y parcialidad las civilizaciones avanzadas, o de apreciar exclusivamente un determinado factor cultural, el religioso, el artístico, el jurídico, el político u otro cualquiera. El estado de equilibrio estriba sobre todo en que las distintas actividades culturales tengan, cada una, una función vivísima en la coordinación del conjunto. Y en la sociedad donde exista semejante armonía de las funciones culturales, siempre será la cultura orden, articulación fuerte, estilo y vida rítmica.

Cae de su peso que es imposible descartar los criterios que el que juzga aplica tanto a la apreciación histórica de las culturas como a la apreciación del propio medio ambiente. Además, conviene observar que la estimación general de una cultura como alta o baja, no viene, al fin y al cabo, determinada ni por el criterio intelectual ni por el estético, sino por el criterio ético espiritual. Una cultura puede llamarse alta aunque no produzca técnica ni plástica; pero no si carece de misericordia.

El segundo rasgo fundamental de la cultura es éste: toda cultura implica una aspiración. Cultura es tendencia; y esta tendencia es siempre hacia un ideal y este ideal trasciende del individuo y es un ideal colectivo. Este ideal puede ser de muy diverso linaje. Puede ser puramente espiritual: la bienaventuranza, la proximidad a Dios, el rompimiento de todos los vínculos, el conocimiento lógico o místico, el conocimiento del mundo físico, el conocimiento del yo y del espíritu, el conocimiento de lo divino. El ideal puede, ser también de orden social: honor, consideración, grandeza. Pero todo ello siempre de la colectividad. El ideal puede ser de carácter económico: riqueza, bienestar; o de índole higiénica: salud. Para los depositarios de la cultura, el ideal significa siempre la salvación, la salvación colectiva, acá o allá, ahora o más tarde.

Bien sea el objetivo de la cultura la otra vida o el porvenir terrenal inmediato, la sabiduría o el bienestar, siempre es el orden y la seguridad condición indispensable para aspirar o lograr dicho objetivo. Siendo esencialmente aspiración, toda cultura exige imperiosamente, el mantenimiento del orden y la seguridad. De la exigencia de orden se deriva todo lo que es autoridad; de la exigencia de seguridad, todo lo que es justicia. En muy variadas formas de autoridad y de derecho organízanse una y otra vez las agrupaciones de hombres, cuya aspiración a una salvación se manifiesta en una *cultura*.

Más concreto y positivo que los dos rasgos fundamentales antedichos –equilibrio y aspiración– es el tercer rasgo que caracteriza toda cultura. Este tercer rasgo es, en verdad, el primero y originario. Cultura significa dominación de la naturaleza. Existe cultura desde el momento en que el hombre ha experimentado que su mano, armada con el tosco cincel de piedra, puede lograr lo que antes era irrealizable; ha subyugado un trozo de naturaleza; domina la naturaleza, a la vez enemiga y dadivosa; ha adquirido utensilios; se ha convertido en *homo faber*; utiliza las fuerzas naturales para adquirir lo que no tiene; una primera necesidad, para fabricar eso que necesita; un instrumento, para protegerse a sí mismo y a los suyos, para aniquilar la caza, la fiera o el enemigo; modifica el curso de la vida física, puesto que las consecuencias todas, que se han originado del instrumento, no hubieran sobrevenido sin ese poderío.

Si este rasgo –dominación de la naturaleza– fuese la única condición para la existencia de la cultura, no habría motivo para negar a las hormigas, las abejas, las aves y los bíbaros la posesión de una cultura. Pues todos estos animales aprovechan objetos de la naturaleza para hacer de ellos algo nuevo. La psicología animal tendrá que decidir si se pueden considerar esos actos como una aspiración a la salvación. Pero, aun admitido esto, nos resistimos a aplicar en este caso la palabra cultura; sentimos que no es propia del reino animal. Aunque haya quien lo crea, el espíritu no se deja eliminar tan fácilmente.

Pero no pasaría de los comienzos quien comprendiese bajo "dominación de la naturaleza" tan sólo el acto de construir, disparar, guisar. El rico vocablo naturaleza designa también la naturaleza humana, y ésta también debe ser dominada. Ya en los estadios más primitivos de convivencia comienza el hombre a comprender que es *deudor de algo*. Al animal que cuida y defiende su cría no se le puede atribuir ese sentimiento consciente, aun cuando propendamos a ello al verle cumplir esas funciones. Sólo en la conciencia humana, la función de cuidar se convierte en *deber*. Este deber no se limita a las relaciones naturales, como la maternidad y la protección de la familia. Bastante pronto la idea de obligación se propaga en forma de *tabúes*, convenciones, normas de conducta, representaciones del culto. El uso corriente de la palabra *tabú* en amplios círculos ha conducido a un cierto menosprecio material del carácter ético que también tienen las culturas primitivas. Dejemos a un lado esa orientación sociológica, que con incomprensión inaudita y muy moderna aplica también el término a las culturas más desarrolladas y mete sencillamente en la botella rotulada *tabú* todo lo que se llama moral, justicia y temor de Dios.

En el sentimiento de ser deudor existe un contenido ético, por cuanto toca a una obligación –para con otra persona o institución o poder espiritual– que el hombre podría negarse a cumplir. La opinión de que en las civilizaciones primitivas la obediencia a los deberes sociales se produce mecánica e irresistiblemente, es ya hoy insostenible, según lo han demostrado etnólogos como Malinowski. Si, por tanto, la obediencia se practica generalmente en una colectividad, ello acontece por virtud de un impulso ético. Pero entonces ya está dada la condición para que se verifique la dominación de la naturaleza en la forma de represión de la propia naturaleza humana.

Cuando en una cultura los sentimientos especiales de ser deudor se ordenan bajo un principio supremo de dependencia humana, entonces se realiza más pura y fértilmente el concepto indispensable para toda verdadera cultura, el concepto de servicio, que comprende desde el servicio de Dios hasta el de una persona colocada en plano superior por simples relaciones sociales. Desarraigar el concepto de servicio en el alma del pueblo ha sido el acto más destructor que el racionalismo superficial del siglo XVIII ha llevado a cabo.

Resumiendo los rasgos generales y las condiciones fundamentales de toda cultura, podríamos formular como definición aproximada –sin pretensión de exactitud– del concepto de cultura la siguiente: la cultura existe como estado de una colectividad, cuando la dominación de la naturaleza en el orden material, moral y espiritual mantiene una situación de nivel superior al que producen las relaciones naturales, siendo rasgos distintivos de ella el equilibrio armónico de los valores espirituales y materiales y un ideal esencialmente homogéneo, al que tienden las diferentes actividades colectivas.

Si la definición antedicha es relativamente exacta, a pesar de que es imposible eliminar de ella la valoración de superior e inferior –que siempre contiene un elemento objetivo–, síguese la pregunta: ¿están cumplidas las condiciones fundamentales de toda cultura en la época que nosotros vivimos?

Cultura supone dominación de la naturaleza. Esta condición, en efecto, parece haberse alcanzado en un grado muy superior al de cualquier otra civilización conocida. Fuerzas de que apenas se tenía sospecha hace un siglo y cuya índole y posibilidades eran completamente desconocidas, han quedado sujetas de mil modos a los grilletes del poder humano, produciendo efectos cuyas lejanías y profundidades nadie podía ni soñar siquiera hace cincuenta años. Y aun casi diariamente siguen descubriéndose nuevas fuerzas naturales y los medios para dominarlas.

La naturaleza material hállase, pues, cautiva y sujeta por lazos, forjados o tejidos por el hombre. ¿Qué diremos acerca de la dominación de la propia naturaleza humana? Que no nos vengan con los triunfos de la psiquiatría, las previsiones sociales y la lucha contra el crimen. Dominación de la naturaleza humana sólo puede significar una humanidad en donde cada cual, por sí, se domine a sí mismo. ¿Lo hace así nuestra humanidad actual? O al menos –puesto que la perfección no se da en el hombre–, ¿lo hace en proporción al dominio que ilimitadamente ejerce sobre la naturaleza material? Nadie se atrevería a afirmarlo. Más bien parece, a veces, como si la naturaleza humana, con la libertad que le ha proporcionado la dominación de lo material, se rebelara contra todo dominio de sí misma y rechazara todo lo que ha adquirido merced a ese espíritu, que consideraba como más que naturaleza. En nombre de los derechos de la naturaleza humana pónese en duda en todas partes la autoridad obligatoria de una ley ética fundamental de absoluta validez. Así, pues, esa condición que se expresa en los términos dominación de la naturaleza no está cumplida más que a medias.

En ningún sentido puede considerarse cumplida tampoco la segunda condición: la de que toda cultura debe sustentarse sobre una tendencia esencialmente homogénea. El anhelo de salvación que empuja a las colectividades y a los individuos toma hoy mil formas variadas. Cada grupo aspira a su propia salvación, y las distintas tendencias parciales no pueden unirse en un ideal único predominante. Sólo la expresión de semejante ideal general –ya fuese realmente asequible, ya una mera ilusión– daría plena validez a un concepto actual de cultura por excelencia; aun cuando cabría seguir hablando de cultura en una acepción más amplia. Así, las épocas anteriores tuvieron un ideal generalmente reconocido: la gloria de Dios, entendida en uno u otro sentido; la justicia, la virtud, la sabiduría. ¡Conceptos metafísicos anticuados, de insuficiente determinación!, dice el espíritu contemporáneo. Pero abandonar esos conceptos es poner en tela de juicio la unidad de la cultura. Porque lo que ha venido a sustituirlos no es sino un enjambre de deseos encontrados. Los términos que unen las aspiraciones culturales contemporáneas sólo se hallan en esta serie: bienestar, poder, seguridad (pues también la paz y el orden se encuentran en ella). Todos son ideales más propios para dividir que para unir. Todos proceden en línea recta del instinto natural. No están ennoblecidos por el espíritu. Ya el habitante de las cavernas conocía esos ideales.

Al presente se habla mucho de cultura nacional y de cultura de clase. Es decir, que el concepto cultura se halla supeditado a ideales de bienestar, de poder y de seguridad. Darle este lugar subordinado es rebajar el concepto a un nivel animal, en donde ya carece de sentido. Olvídase la conclusión paradójica –pero según lo antedicho irrefutable– de que el concepto de cultura no tiene lugar legítimamente sino cuando el ideal que determina su orientación trasciende de los intereses de la comunidad misma en que alienta. La cultura debe estar orientada hacia lo metafísico, o no tiene razón de ser.

¿Existe en el mundo actual, en Occidente o en Oriente, ese equilibrio entre los valores espirituales y materiales que hemos establecido como condición de la cultura? Es casi imposible dar una respuesta afirmativa. Hay, sin duda, producción intensiva en ambas direcciones. ¿Pero equilibrio, armonía, equivalencia entre el poder material y el espiritual?

Los fenómenos que se producen actualmente en torno de nosotros parecen contradecir todo pensamiento de un verdadero equilibrio. Un sistema de producción, llevado a la máxima perfección y eficacia, lanza a diario productos y origina efectos que nadie desea, que nadie puede utilizar, que todos temen y que muchos desprecian por considerarlos sin valor, absurdos, insuficientes. El algodón se entierra para aliviar el mercado. Los pertrechos de guerra encuentran compradores gustosos; pero nadie desea usarlos. La desproporción entre el aparato perfecto de la producción y la posibilidad de aprovecharlo útilmente, el exceso de producción junto a la penuria y al paro forzoso, contradicen todo concepto de equilibrio. Existe igualmente superproducción en el terreno intelectual; hay sobreabundancia de palabras impresas o lanzadas al aire, y una casi incurable divergencia de los pensamientos. En torno a la producción artística se ha cerrado el círculo vicioso, dentro del cual el artista depende de la publicidad y, por tanto, de la moda; y estas dos, a su vez, del interés comercial. Desde la vida del Estado hasta la de la familia propágase, al parecer, un desequilibrio como nunca se vio. En modo alguno cabe hablar de armonía y equilibrio en nuestro tiempo.

V. LO PROBLEMÁTICO DEL PROGRESO

Antes de profundizar en los distintos fenómenos de la crisis cultural conviene que cambiemos un tanto el tono, disimulando por el momento la nota sombría de nuestro análisis casi desesperado en la hora de la agonía.

El juicio sobre los asuntos y relaciones humanas no puede eliminar nunca por completo un estado emotivo momentáneo. Si éste es negativo, hay grandes probabilidades objetivas de que tiña nuestro entendimiento con un color demasiado oscuro. Cuando nos complacemos en contemplar las épocas pretéritas –la antigua Grecia en su apogeo, el período de mayor prosperidad de la Edad Media, el Renacimiento– bajo el aspecto del equilibrio y la armonía, contrastando con las perturbaciones y trastornos de nuestro tiempo, la gran distancia que nos separa de esos tiempos hace su papel inevitable y colabora a producir el efecto armónico. Antes de escrutar los síntomas debemos tener en cuenta "un error probable". No hay equivalencia entre nuestra contemplación del pasado remoto y la visión confusa de los acontecimientos actuales, en los que somos protagonistas. Quizá algún día la apreciación definitiva de nuestro tiempo actual –apreciación que nosotros no rodemos dar– calificará de superficiales y pasajeros los fenómenos que nos preocupan ahora. Alguna incomodidad insignificante puede arrebatarnos el sueño, quitarnos el apetito, impedirnos el trabajo y amargarnos el humor, aun cuando nuestro organismo esté sano y la curación sea fácil y próxima. Pese a los trastornos sociales y culturales que nos acosan, no faltan síntomas indicadores de que la sana circulación de la sangre en la sociedad funciona con mayor fuerza de lo que creemos.

Pero todos juntos somos, a la vez, enfermo y médico. Sin duda, hay enfermedad, puesto que el organismo no funciona normalmente. La observación debe atender a los síntomas; la esperanza debe pensar en el restablecimiento.

¡He aquí nuestro razonamiento sumergido en la metáfora patológica! Sin metáforas no es posible manejar conceptos generales; y la imagen de la enfermedad es aquí la más apropiada. El concepto mismo de crisis es un concepto hipocrático. La figura patológica es la más adecuada para lo social y lo cultural. Sin duda, nuestro tiempo tiene fiebre. Pero ¿quién sabe si es fiebre de crecimiento? Padece delirios, alucinaciones y desvaríos. Pero ¿no será, acaso, una irritación pasajera del cerebro? ¿Hay motivo para hablar de ideas delirantes causadas por una grave lesión del sistema nervioso?

Cada una de estas metáforas tiene un sentido propio si se aplica a los fenómenos de la cultura actual.

Los más visibles y palpables son las perturbaciones de la vida económica. Cada cual las siente o, al menos, las percibe diariamente en su propia carne. Casi tan inmediatas son las de la vida política, aunque el observador en este caso ha de valerse, sobre todo, de la mediación del periódico. Si consideramos a la vez el proceso de la perturbación económica y el de la política, y observamos su progreso gradual, puede decirse que, desde hace más de un siglo, el dominio de los medios ha alcanzado un grado tal de perfección que las fuerzas sociales, no reguladas y concentradas en un principio superior a la finalidad de cada una (el "Estado" no es tal principio), actúan con un exceso de eficacia que es perjudicial a la armonía de todo el organismo. Nos referimos a los medios de producción mecánica y técnica en general, al tráfico, la publicidad, a la movilización de las masas por organizaciones políticas o no políticas con los medios de la enseñanza popular.

Considerando el desarrollo de cada uno de estos medios o fuerzas, sin juzgarlos con un criterio de valor, resulta que se puede aplicar rotundamente a ese desarrollo el concepto de progreso. Todos han aumentado enormemente en poderío. El concepto de progreso sólo designa orientación, sin decidir si al final de la marcha está la salvación o la perdición. Por lo general, olvidamos que solamente el optimismo superficial de nuestros abuelos y padres en los siglos XVIII y XIX ha añadido a ese concepto meramente geométrico de "adelante" la idea de *bigger and better*: mayor y mejor. La esperanza de que cada nueva invención o perfeccionamiento de los medios implica forzosamente la promesa de mayor valor o más felicidad es una idea ingenua que nos ha legado el siglo XVIII, aquel siglo delicioso de optimismo intelectual, moral y sentimental. No hay la menor paradoja en sostener que una cultura puede muy bien naufragar a causa de un progreso esencialísimo e indubitable. El progreso es cosa precaria y concepto anfibológico; y es posible que en la carretera por donde caminamos un puente se haya hundido o una grieta se haya abierto en el suelo.

VI. LA CIENCIA EN LOS LÍMITES
DE LA CAPACIDAD INTELECTIVA

La esfera de la ciencia es la que mejor se presta para iniciar la descripción de los fenómenos de la crisis en la cultura. Pues en ella encontramos unidos un progreso evidente y constante –no obstante un estado de crisis muy positivo– y, a la vez, un sentimiento firme de que la prosecución de la labor es ineludible y constituye una promesa de salvación.

En el desarrollo del pensamiento científico y filosófico se advierte innegablemente, y en casi toda la línea, un progreso positivo y constante desde el siglo XVII hasta nuestros días. Apenas hay rama de la ciencia, e incluso de la filosofía, que no siga elaborándose en profundidad y refinamiento. Nuevos hallazgos pasmosos –así, descubrimientos como la radiación cósmica, los electrones positivos– se halla a la orden del día. Evidente es el progreso de las ciencias naturales, sobre todo por la inmediata aplicación a la técnica de cualquier conocimiento recién obtenido. Pero lo mismo puede decirse de las ciencias culturales y de las dos ciencias guías: la matemática y la filosofía. Todas ellas penetran en estratos cada vez más hondos de lo cognoscible, con medios cada vez más agudos de observación y de expresión.

Y esto resulta tanto más sorprendente, si recordamos cómo la generación de 1890 vivía en la creencia de que el progreso de la ciencia había llegado casi a su límite. El sistema del conocimiento humano parecía casi concluso. Quizá quedaran aún por limar y pulir algunos detalles; quizá otras disciplinas nuevas pudieran surgir con el tiempo; pero parecía poco menos que inverosímil que ocurrieran grandes cambios en la constitución y formulación de nuestro saber. Y, sin embargo, ¡cuán distinto ha sido el suceso! Si hoy despertara un Epiménides científico, que en 1879 se hubiera retirado a su cueva y hubiese estado dormido durante cincuenta y seis años, no se hallaría ya en condiciones de entender el lenguaje científico en casi ninguna de sus ramas. Los términos de la física, de la química, de la filosofía, de la psicología, de la lingüística, para no mencionar sino pocas ciencias, le serían del todo desconocidos. Repase cada cual la terminología contemporánea de su propia profesión e inmediatamente advertirá que los términos y nociones, que maneja ahora cotidianamente no existían aún hace cuarenta años. Si algunas ciencias, sobre todo la historia, constituyen en esto una excepción, es porque forzosamente tienen que seguir hablando en el lenguaje de la vida diaria.

Contrastando en una figura imaginaria el estado actual de la ciencia con el de hace medio siglo, se advierte sin la menor duda que estos cambios han significado progreso, ascenso, mejora. La ciencia se ha dilatado considerablemente, y su nivel ha subido.

El juicio estimativo sobre la ciencia tiene que ser positivo. De lo cual se desprende al punto una consecuencia sorprendente: es inconcebible que el espíritu se retracte o quiera retractarse de un progreso tan positivo y efectivo. Admitir que un científico quiera abandonar cuantas innovaciones se han producido, es absurdo. En cambio, cabe imaginar que en arte haya quien aspire a dejar a un lado los adelantos de todo un período; porque el arte no se desarrolla progresivamente ni en serie consecutiva y continua. Tales abandonos han acontecido ya repetidas veces en el terreno de la producción artística.

El ejemplo de la ciencia nos pone, pues, ante los ojos un orden cultural de trascendental importancia, en el cual, por lo menos hasta hoy, el progreso es innegable y, al parecer, cerrado y continuo. La ciencia constituye una esfera en donde el espíritu encuentra su camino directa y necesariamente prescrito. ¿Adónde nos conducirá ese camino? No lo sabemos. No conocemos cuál sea la salvación que nos empuja por él.

Pero es lo cierto que este progreso innegable y positivo, que significa ahondamiento, refinamiento, depuración y, en definitiva, mejora, ha llevado el pensamiento científico a un estado de crisis, cuyas perspectivas están todavía envueltas en tinieblas. Esa ciencia, incesantemente renovada, no se ha precipitado todavía en forma de cultura. Ni puede todavía llegar a esa "precipitación".

Los conocimientos, que han aumentado de manera portentosa, no han sido todavía organizados en una nueva y armónica imagen del universo, que nos ilumine como la clara luz del sol cuando caminamos inmersos en sus rayos. La suma del saber no se ha convertido todavía en *cultura* dentro de nosotros.

Y al mismo tiempo que la ciencia ahonda cada día más profundamente y analiza más minuciosamente la realidad, dijérase, en cambio, que las bases de nuestra vida intelectual se hallan cada vez más conmovidas y desquiciadas.

Abandonamos antiguas certidumbres. Términos generales que para nosotros eran llaves de toda intelección y que utilizábamos cotidianamente, resultan ya inadecuados y no entran en la cerradura. ¿Evolución? Sí; pero mucho cuidado con ella, porque ese concepto está ya un tanto enmohecido. ¿Elementos?... Ya se ha revocado su invariabilidad. ¿Causalidad?... He aquí, en verdad, un concepto que vale poco y se hace pedazos en las manos. ¿Ley natural? Bien; pero que no se hable de su validez irrefutable. La objetividad continúa siendo un ideal y un deber para el científico; pero resulta que no es posible conseguirla, sobre todo en las ciencias culturales. ¡Cuán profundos suspiros exhalaría, al oír todo esto, ese Epiménides que imaginábamos hace un rato! ¡Cómo se restregaría los ojos si le contasen que en algunas ciencias (como se afirma de la matemática) la investigación se ha diferenciado hasta el punto de que aun los peritos en ramas afines no pueden comprenderse unos a otros! ¡Y con qué alegría oiría decir que pronto va a demostrarse la unidad de la materia, de suerte que la química tendrá que ser absorbida por la física, de la cual nació!

Pero, además: la capacidad de la misma facultad cognoscitiva va resultando deficiente. En el orden microfísico los fenómenos han de escapar forzosamente a la observación, puesto que los procesos que se investigan son de índole más fina que los medios de observación de que disponemos, los cuales están circunscritos en los límites de la velocidad de la luz. En la observación de las cantidades mínimas, la perturbación causada en el proceso por la observación misma llega a ser demasiado grande para que podamos seguir hablando de un proceso objetivo. La validez de la causalidad tiene límites, y detrás de éstos existe un campo de acontecimientos indeterminados.

Los fenómenos que la física fija en una fórmula exacta están tan fuera del proyecto de nuestra vida, y las relaciones que descubre la matemática son de una amplitud tan superior a las del sistema dentro del cual se mueve nuestro pensamiento, que una y otra ciencia han tenido que proclamar ya, desde hace mucho tiempo, la insuficiencia de nuestro viejo instrumento lógico. Hemos tenido que acostumbrarnos a la idea de que para conocer la naturaleza hay que trabajar con geometrías no-euclidianas y de más de tres dimensiones. La razón, en su forma anticuada, la razón de la lógica aristotélica, ya no puede caminar *pari passu* con la ciencia. La investigación obliga a llevar el pensamiento allende los límites de la imaginación. Lo que de ese modo se descubre puede, desde luego, expresarse en fórmulas; pero la imaginación es por completo incapaz de hacerse verdaderamente consciente de la realidad aludida y de familiarizarse con ella. El antiguo e ilustre "así es" se reduce a un "se presenta como". Un proceso se presenta como efecto de partículas o de ondas, según el lado desde el cual se le mire. Fuera de la fórmula, el juicio generalizado sólo puede expresarse en metáforas. ¿Qué profano no ha intentado más de una vez saber del físico, si ha de concebir esas imágenes –con las cuales se intenta explicar el mundo de los átomos– como símbolos o bien como la descripción escueta de los hechos?

La ciencia parece estar llegando ya a los límites de nuestra capacidad intelectiva. Es sabido que en más de un físico esa incesante labor en alturas intelectuales, para las cuales, al parecer, no está preparado el organismo humano, produce el efecto de agobiante angustia, que llega hasta la desesperación. Pero volver atrás es imposible. El profano puede entregarse a la añoranza de aquella alegre y palpable realidad de antaño; puede hojear su Buffon, para distraerse con esa sencilla y serena imagen del mundo, en donde se perciben con encanto el olor del heno y el trino de los pájaros. Pero aquella ciencia de antaño es hoy poesía e historia, y el espíritu del moderno naturalista se orienta en sentido harto diferente.

Le pregunté una vez al astrónomo De Sitter si no se sentía nunca invadido por esa nostalgia del pasado al pensar en la expansión, el vacío y la forma esférica del universo. La seriedad de su negativa me reveló en el acto la futilidad de mi pregunta.

Ese vértigo del pensamiento ante lo ilimitado de la ciencia, ¿es, quizá, el mismo que el espíritu hubo de sufrir cuando se atrevió a pasar de la imagen ptolemaica a la copernicana del universo?

Las categorías con que se ha contentado el pensar hasta ahora parecen en trance de descomposición. Los límites se borran. Las contradicciones resultan compatibles. Los grupos de fenómenos se entrelazan como en una ronda fantástica. La interdependencia ha llegado a ser el santo y seña en toda contemplación moderna de los sucesos humanos y sociales. Ya se trate de sociología o de economía, de psicología o de historia, siempre la interpretación unilateral ortodoxo-causal tiene que ceder el puesto al reconocimiento de relaciones variadas y complejas y de dependencias mutuas. El concepto de condición viene a colocarse en el lugar del de causa.

Todavía se puede llegar más lejos. El pensamiento cultural-científico se hace progresivamente antinómico y ambivalente. Antinómico quiere decir que el pensamiento se encuentra como suspendido entre dos contrastes que antes parecían excluirse mutuamente. Ambivalente quiere decir que el juicio estimativo, en la noción de preferibilidad relativa entre dos decisiones opuestas, sigue vacilando ante la elección como el asno de Buridán.

En verdad, hay sobrada razón para hablar de crisis en el terreno del pensamiento y del saber actuales, crisis tan fundamental y tan tremenda como no puede señalarse en anteriores períodos conocidos de la vida espiritual.

Este elemento intelectual de la crisis cultural que atravesamos, merece ser tenido en cuenta; en primer lugar, porque se puede fijar y describir mucho más objetivamente que los trastornos en la vida activa de la comunidad y, además, porque se puede juzgar sin prejuicios. Hállase –al menos en su mayor parte– allende la esfera de las enemistades, los conflictos y las malas voluntades. Significa crisis; pero, en rigor, no trastorno ni desequilibrio. Doy por supuesto que no han de entenderse por crisis intelectual las luchas del pensamiento sometido a la imposición política, sino el progreso de la ciencia misma, tal como se presenta allí donde el espíritu goza todavía de la libertad necesaria para su actuación. Salvo ciertos manjares extraños, como la matemática marxista o nórdica (que algunos intentan servirnos con imperturbable seriedad), esa libertad predomina todavía en el orden de las ciencias naturales y de su guía, la matemática. La ciencia física es aún internacional. Ningún prejuicio impide el curso de la investigación.

El nacionalismo de los países no perjudica mucho todavía al tráfico mundial científico y a la colaboración de los investigadores. El sujeto que "piensa" las ciencias naturales es todavía "el hombre", sin más. El cultivo de las ciencias espirituales o culturales hállase de antiguo más adscrito al carácter nacional y a las fronteras del país. Lo exige la índole misma de su objeto. Es más difícil que las ciencias del espíritu asciendan al grado de libertad necesario para adquirir la calidad de ciencias. No obstante, también el horizonte de las ciencias espirituales ofrece, por de pronto, un espectáculo bastante claro. Lo que de verdaderamente nuevo se produce en ellas –grandes modificaciones de método y de planteamiento, continuo enriquecimiento y elaboración de material, nuevas síntesis– no es el trabajo de satélites ruidosos de un sistema político.

Si, pues, el pensamiento científico se halla en todas sus ramas en estado de crisis, es ésta una crisis que brota de dentro y no está causada por el contacto con los males de una sociedad desequilibrada. Es el progreso del espíritu mismo el que conduce la ciencia por sendas escarpadas, casi inaccesibles, hacia cimas donde no se ve camino que lleve más allá. En la crisis del puro pensar no participan la estupidez humana ni la decadencia intelectual. Son el refinamiento mismo del instrumento cognoscitivo y la mayor hondura del mismo saber los que causan la crisis en este terreno.

Por tanto, esa crisis no sólo es imposible de prevenir, sino que es deseable y buena. En este punto, por lo menos, vemos claramente cuál es la aspiración de nuestra cultura. Es la de seguir elevándose a través de las incertidumbres y de los problemas actuales con medios más abundantes. El pensamiento ve ante sí el camino que tiene que seguir. No puede sino marchar adelante. No cabe detención ni retroceso.

El reconocimiento de esta sencilla certeza: que, por lo menos en lo que se refiere a la importantísima esfera de la ciencia, está fijado el rumbo de la orientación, conforta y consuela al que tal vez desesperara del porvenir de nuestra cultura. Aturde, sin duda, la crisis actual del pensamiento; pero sólo desesperará a quienes carezcan del valor suficiente para aceptar esta vida y este mundo tal y como nos han sido dados.

VII. DEBILITACION GENERAL DEL JUICIO

Pero el aspecto cambia tan pronto como la mirada se aparta de la producción del saber y del pensamiento y se dirige hacia el modo cómo se difunde, se absorbe y se emplea. El estado de lo que cabe denominar el pensamiento popular no es tan sólo el de una crisis, sino el de una crisis llena de corrupción y de peligro.

¡Cuán ingenua nos parece hoy la alegre confianza de hace un siglo en que el progreso de la ciencia y la difusión general de la enseñanza garantizarían y producirían una sociedad cada vez más perfecta! ¿Quién se atrevería todavía a creer en serio que, convertidos los triunfos de la ciencia en triunfos aún más gloriosos de la técnica, la civilización esté salvada? ¿O que el exterminio del analfabetismo signifique el fin de la incultura? El espectáculo que nos ofrece la sociedad contemporánea, supercultivada y en buena parte mecanizada, está bien lejos de aquella imagen ilusoria del progreso.

En nuestra vida colectiva actual abundan síntomas inquietantes, que podríamos englobar bajo el nombre de "debilitación del juicio". ¡Gran desengaño éste! Jamás en toda la historia ha estado el mundo mejor informado de sí mismo, de su índole y de sus posibilidades. Nuestros conocimientos son mucho más objetivos y sustanciosos; sabemos cómo es el sistema del mundo y cómo funciona; y cómo actúa el organismo viviente; y cómo se correlacionan las cosas del espíritu; y cómo lo posterior se origina de lo anterior. El ser humano se conoce a sí mismo y su mundo mejor que nunca. Positivamente el hombre se ha vuelto más juicioso. Más intensamente juicioso, por cuanto el espíritu ahonda más en la coherencia y en el estado de las cosas; más extensivamente juicioso, por cuanto sus conocimientos se extienden uniformemente sobre un territorio mucho mayor.

36

Pero, ante todo, es ya muy grande el número de personas que poseen cierto grado considerable de conocimientos. La sociedad, tomada como sujeto abstracto, se conoce a sí misma. El "conócete a ti mismo" ha valido siempre como la quintaesencia de la sabiduría. Así, pues, parecería irrefutable la conclusión de que el mundo ha ganado en cordura ¡*Risum teneatis*...!

Estamos mejor informados. Y, sin embargo, nunca como hoy la necedad ha celebrado tales orgías en todo el mundo, la necedad en todas sus formas, la baladí y la ridícula, la malvada y la perniciosa. Ahora la necedad no sería ya tema de discusión graciosa y sonriente para un humanista de nobles pensamientos y graves preocupaciones, como Erasmo. La infinita locura de nuestro tiempo debe ser observada como una enfermedad; hay que descubrir sus síntomas desapasionada y objetivamente; hay que buscar la índole del mal y, al fin, encontrar medios para su curación.

Recordad el silogismo que formulábamos hace un momento: "conocimiento de sí mismo es sabiduría –el mundo se conoce a sí mismo mejor que antes–, luego el mundo es más sabio". Este silogismo resultó equivocado. ¿Por qué? Porque hay una doble ambigüedad en sus términos. Primero: "el mundo" no posee sus conocimientos, ni actúa como sujeto abstracto; sólo se manifiesta en los pensamientos y conducta de los individuos. Segundo: el vocablo "conocer" contiene indecisa la anfibología entre "saber" y "sabiduría". Sobre esto último huelga un comentario extenso.

En una sociedad que tiene organizada la enseñanza general, la inmediata publicidad de los sucesos diarios y una división extremada del trabajo, el hombre medio hállase cada vez menos atenido a su propio pensar y a su propia expresión. Quizá esto parezca paradójico, ya que suele admitirse por lo general que en un medio cultural menos intenso intelectualmente y menos rico en conocimientos difusos, el pensar del individuo queda más restringido que en un medio más culto. Piénsase por lo común que en un medio de esta índole el pensamiento individual queda limitado por el estrecho círculo del propio ambiente. A este pensar más primitivo atribúyense las características de lo típico, de lo forzosamente homogéneo. Pero frente a todo esto hállase el hecho de que ese pensar, orientado integralmente hacia la propia esfera vital, alcanza con medios más reducidos y dentro de horizontes más estrechos, un grado de independencia que se va perdiendo en períodos más intensamente organizados. El campesino, el navegante o el artesano de anteriores épocas encontraba en el conjunto de sus conocimientos el esquema intelectual, con que medía la vida y el mundo. Sabía que era incompetente para juzgar sobre cuanto estaba fuera de su horizonte mental (a no ser que fuese un fanfarrón de los que siempre existen en toda época). Conociendo la deficiencia de su propio juicio, acataba la autoridad del ajeno. Precisamente por su limitación podía ser sabio. Y esa misma limitación de sus medios de expresión era la que, apuntalada en los pilares de la Sagrada Escritura y de la sapiencia contenida en el refranero popular, daba a sus expresiones estilo y a veces elocuencia.

La organización moderna, al difundir los conocimientos, conduce en demasía a la pérdida del saludable efecto que producen tales limitaciones espirituales. El hombre medio, en los países occidentales, recibe hoy enseñanzas sobre una infinidad de cosas. Tiene el periódico sobre la mesa a la hora del desayuno y la radio al alcance de la mano. Por la tarde ve una película, juega una partida de naipes o asiste a una junta, después de haber pasado el día en un trabajo u oficio que no le enseña nada sustancial. Con escasas diferencias, este cuadro puede aplicarse lo mismo al obrero que al director. Sólo un afán de cultura personal, en cualquier orden que sea y sustentado en cualquier prenoción o medio, puede elevarle a un nivel más alto que el ordinario. Adviértase bien que aquí nos referimos solamente a su cultura en el sentido más restringido del concepto, es decir, a cierto tesoro de belleza y sabiduría para su vida. Siempre queda la posibilidad de que este hombre de escasa cultura sepa, no obstante, elevar su vida diaria a un valor más alto, por medio de actividades otras que las estrictamente culturales, ya en el orden de la fe, del servicio social, de la política o del deporte.

Aun cuando le inspire un sincero impulso de conocimiento o de belleza, tropezará con dificultades procedentes de los efectos importunos que causa el aparato cultural. Le será difícil escapar al peligro de que le sean sugeridos sus nociones y juicios. Un conocimiento, a la vez variado y superficial; un horizonte espiritual demasiado amplio para quien está desprovisto de armamentos críticos, conducen inevitablemente a la debilitación del razonamiento propio.

La imposición, la dócil aceptación de conocimientos y juicios, no se limita al orden intelectual en sentido estricto. También en los juicios de belleza y de sentimiento el hombre medio moderno está peligrosamente expuesto a caer en el producto barato de la masa. Una oferta exagerada de imaginaciones triviales le proporciona un marco vulgar y falso para sus gustos y emociones.

A todo esto se añade otro hecho peligroso e inevitable. En las formas más antiguas y reducidas de la colectividad, el pueblo mismo creaba y practicaba sus diversiones: canto, baile, juego, deportes. Las gentes cantaban, bailaban y jugaban juntas. En la cultura moderna es lo más general el hacer que otros canten, bailen y jueguen por uno. Es claro que la relación entre ejecutantes y espectadores existe también desde un principio en las culturas más originales. Pero el elemento pasivo va aumentando hoy continuamente en comparación con el activo. Incluso en el deporte, este poderoso factor cultural de la época actual, es más bien la masa la que hace que los demás jueguen por ella. La pasividad del espectador en ciertos sucesos llega a más todavía. Entre el teatro y el cine hay la misma diferencia que entre contemplar un juego y contemplar la sombra de un juego. La palabra y el juego escénico no son ya acción viva, sino sólo reproducción. La voz transmitida por el éter no es más que un eco. Y hasta la contemplación de las competencias deportivas es sustituida por la relación verbal radiada y las noticias deportivas del periódico. Con todo esto sufre la cultura cierta debilitación y anemia espiritual. Al arte cinematográfico, en especie, aplícase esto además en otro aspecto muy esencial. El elemento dramático trasládase en el cine a lo exteriormente visible, no quedando a la palabra hablada sino un lugar secundario. El arte de contemplar se transforma en habilidad para observar y comprender rápidamente imágenes visuales, que cambian a cada momento. La juventud actual ha adquirido la "mirada cinematográfica" hasta un punto que asombra a sus padres. Todos estos nuevos rumbos de la orientación espiritual significan la inhabilitación de grupos enteros de funciones intelectuales, Es notoria la diferencia de actividad intelectual que existe entre la atención necesaria para seguir una comedia de Molière y la que se aplica para ver una película. No pretendo sobreponer el entendimiento intelectual al visual; pero hay que reconocer

que el cine deja inactivo todo un grupo de percepciones estético-intelec-
tuales. Lo cual contribuye sin duda alguna a la debilitación del razonamiento.

El mecanismo del moderno esparcimiento en masa constituye además,
en sumo grado, un obstáculo a la condensación espiritual. El elemento del
elevarse y *entregarse* queda suprimido ante la reproducción mecánica de lo
visto y oído. Falta el recogimiento y la unción. El recogimiento en lo más
íntimo del alma y la consagración del instante son, empero, cosas que el
hombre necesita absolutamente para poseer cultura.

La rápida sugestibilidad visual es el punto por donde el reclamo hace
presa en el hombre moderno, halagando su flaco por el pensamiento disminuido. Esto vale igualmente para el reclamo comercial como para el
político. El cartel anunciador, mediante una imagen llamativa, evoca con el
pensamiento la realización de un deseo. Sobrecarga la imagen con sentimientos. Fija en ella un estado emotivo y, por tanto, incita a una opinión
que se fija en una sola mirada superficial. Si nos preguntamos cómo el
reclamo actúa realmente sobre los individuos y cómo ejerce su función
remuneradora, la respuesta no se ofrece nada sencilla. ¿Es que, en efecto, el
individuo se decide a comprar la mercancía por haber leído o visto el
anuncio? ¿O deposita éste en el cerebro de muchos un recuerdo al que
reaccionan mecánicamente? ¿O se trata de alguna intoxicación espiritual?
Aún más difícil es definir el efecto del reclamo político. ¿Hase dejado jamás
alguien conmover e influir en sus opiniones políticas y conducir a la urna
electoral por carteles llenos de espadas, hachas, martillos, ruedas dentadas,
puños, soles salientes, manos sangrientas y rostros severos? No lo sabemos.
Y con esto basta. Lo cierto es que el reclamo, en todas sus formas, especula sobre un juicio debilitado; y favorece él mismo, por su extravagante difusión y énfasis, aquella debilitación.

Nuestro tiempo se halla ante el hecho espantoso de que dos grandes
logros culturales, la enseñanza pública y la publicidad moderna, en vez de
elevar el nivel de la cultura, acarrean, por el contrario, en su acción continua, ciertos síntomas de degeneración y debilitación. Conocimientos muy
variados sobrevienen en cantidad y elaboración antes desconocida. Pero

hay algo que no funciona bien en la digestión vital de lo aprendido. Los conocimientos mal digeridos estorban el buen juicio y la sabiduría. El exceso de ciencia produce una humanidad ignara.

¿Va a quedar la sociedad entregada sin remedio a este proceso de nivelación espiritual? ¿Va a continuar este proceso? ¿O nos acercamos al punto en que el mal, consumado su propio influjo, se destruya a sí mismo? Estas preguntas deben quedar en suspenso. Y ni siquiera en la conclusión de esta obra podrán obtener una respuesta decisiva. Por lo pronto, tendremos que estudiar otros fenómenos de degeneración en el orden intelectual.

VIII. La creciente indiferencia crítica

Además de la debilitación general del juicio, cuya fisonomía acabamos de estudiar, hay motivos sobrados para hablar de una creciente indiferencia crítica, una obnubilación de la facultad crítica, una mengua del sentimiento de la verdad. Y todo ello no como fenómeno de masa, que se dé en el conjunto de los que consumen conocimiento, sino como defecto orgánico de los que producen conocimiento.

Junto a esos fenómenos de decadencia hay además otro que podríamos llamar corrupción de la función asignada a la ciencia o abuso de la ciencia como medio. Trataremos de este grupo de fenómenos en su orden y relación.

Al mismo tiempo que la ciencia ha desplegado una insospechada capacidad para dominar la Naturaleza y, por consiguiente, un aumento del poder humano, alcanzando una profundidad de intelección en la estructura de todo lo existente, como nunca antes pudo lograrse, disminuye su capacidad para servir como amparo y criterio del puro saber y como pauta para la vida. La relación entre sus distintas funciones se ha modificado profundamente.

Estas funciones son, desde los tiempos antiguos, tres: el logro y aumento de conocimientos, la educación de la comunidad para una civilización más pura y la creación de un poder que se aplique a dominar las fuerzas naturales. En los siglos que presenciaron el alba de la ciencia moderna –el XVII y el XVIII– hubo cierto equilibrio entre las dos primeras funciones, quedando la tercera retrasada. Había gran entusiasmo por despejar progresivamente el espíritu cognoscente y por eliminar los falsos conocimientos. Nadie dudaba en aquel tiempo, por un momento siquiera, de los altos valores educativos y de las normas que proporcionaba la ciencia. Construyóse sobre ella más de lo que sus bases podían soportar. A cada nuevo descubrimiento se iba comprendiendo mejor el mundo y sus modos de actuar. Al mismo tiempo, esta iluminación de la conciencia contenía beneficios éticos. En cambio, la función que hemos citado en tercer lugar, la aplicación al poderío técnico, era todavía endeble. La electricidad constituía una curiosidad para el público culto. La tracción y la transmisión de fuerzas continuaron hasta el siglo XIX realizándose casi en las formas antiguas. La relación entre las funciones de la ciencia: educación, aumento de conocimientos y aplicación técnica, podría formularse durante el siglo XVIII con la proporción siguiente: 8 : 4 : 1.

Expresemos la misma relación en nuestro tiempo. Tendremos que hacerlo con 2 : 16 : 16. La importancia relativa de las tres funciones se ha desplazado por completo. Quizá produzca indignación tempestuosa en algunos el que estimemos tan bajo el valor educativo de la ciencia, comparado con su valor de conocimiento y de aplicación. Sin embargo, ¿cabe sostener que los descubrimientos más asombrosos de la ciencia moderna, los que por su sustancia misma sólo son comprensibles para un círculo reducido, hayan beneficiado en grado importante, el nivel general de cultura? Y ni aunque la enseñanza en Universidades y otros establecimientos públicos fuese óptima, cambiaría ello en nada el hecho siguiente: que aun cuando el contenido en conocimientos y el valor técnico de la ciencia no cesan de incrementarse cada día, llegando a lo inmensurable, su valor educativo, en cambio, no excede del que ya tenía hace un siglo y es menor del que fue en el siglo XVIII, porque su nivel inicial es ahora más elevado.

Sólo en muy raras ocasiones buscará el hombre de hoy en la ciencia la comprensión de la vida. Y no por culpa de la ciencia. Una corriente poderosa se aleja de la ciencia o la esquiva. Ya no se cree en su poder orientador. En parte, con razón, pues hubo un tiempo en que la ciencia manifestó excesivas pretensiones a dominar sobre el mundo. La situación de hoy es, empero, algo más que una reacción inevitable. Hay en ella una cierta degeneración de la conciencia intelectual. La necesidad de pensar sobre cosas intelectualmente cognoscibles, del modo lo más exacto y objetivo posible, es más débilmente sentida, y asimismo la de comprobar críticamente este pensar. Una extremada obnubilación de la capacidad intelectiva ha invadido a muchos espíritus. Toda separación entre las funciones lógicas, estéticas y afectivas es deliberadamente desatendida. El sentimiento se inmiscuye en el juicio, sin que el entendimiento crítico lo impida. Y ello sucede cualquiera que sea la índole del objeto que se juzga. Declárase intuitivo lo que en realidad es elección deliberada, a base de un afecto. Confúndense las inspiraciones del interés y del deseo con las convicciones basadas en conocimiento. Y para justificar este proceder, se proclama la oposición necesaria a la soberanía de la razón; lo cual en verdad no es sino el abandono del principio lógico mismo.

Hace ya mucho tiempo que todos sin excepción nos hemos emancipado del racionalismo tiránico. Sabemos que no todo se puede medir con el criterio de la racionalidad. El mismo pensamiento progresivo nos ha enseñado que la razón por sí sola no basta. Una penetración más amplia y profunda que la meramente racional nos ha permitido aprehender más *sentido* en las cosas. Pero allí donde el perspicaz extrae de un juicio más holgado y amplio un sentido más profundo, el necio sólo encuentra latitud para mayores disparates. Y esto acarrea una consecuencia verdaderamente trágica: el espíritu del tiempo, al hacerse cargo de las limitaciones impuestas a la validez del antiguo esquema racional, ha perdido al mismo tiempo su antigua inmunidad para el absurdo.

Algunas palabras sobre la actual teoría de las razas servirán de ilustración al descuido con que se ejerce el veto de la crítica. La antropología es una rama esencial de lo que se llamaba antes historia natural. Es una ciencia biológica, con un fuerte elemento histórico; en lo cual se parece a la geología y a la paleontología. Ha construido mediante investigaciones metódicas y exactas, y fundándose en la teoría de la herencia, un sistema de distinción de las razas, cuya utilidad, comparada con la de otros esquemas biológicos, sólo resulta menoscabada por el ancho margen que a la duda ofrece la solidez de sus conclusiones, basadas en la craneometría, y la gran variedad de sus ejemplares de sistematización. Parece que a las características físicas, por las cuales la antropología distingue con mayor o menor certeza las razas, corresponde por lo común cierto grado de analogía mental en esas razas; o al menos, tal correspondencia parece admisible. Nadie negará que un chino difiere de un inglés no sólo física, sino también espiritualmente. Sin embargo, al hacer constar esa correspondencia, el estudio del fenómeno raza implica ya el fenómeno *cultura*. El chino y el inglés son productos de la raza más la cultura. O dicho de otro modo: un elemento que no pertenece a la esfera de la antropología se ha añadido al objeto de la observación, aun antes de que sea posible juicio alguno sobre las características espirituales de la raza. No se puede de ningún modo pretender que la calidad espiritual brote directamente de la determinación antropológica. Pues es incontestable que, en todo caso, una parte de las peculiaridades espirituales de una raza se desenvuelve en el contexto de sus circunstancias vitales y a consecuencia de éstas. No hay ciencia que pueda distinguir esta parte de la que se supone innata. Tampoco puede ciencia alguna demostrar una correlación específica entre determinada característica física –por ejemplo, el pliegue del párpado en los mongoles– y determinada característica espiritual (suponiendo que tal característica espiritual pueda atribuirse íntegramente a toda una raza). Mientras subsistan estas deficiencias en el conocimiento de las razas, subsistirá asimismo la convicción de que es falso –si se toma en sentido absoluto– que el carácter nacional provenga de la raza. Aun con todas las reservas necesarias, éste seguirá siendo un conocimiento incierto e indeterminado. Si por otra parte se admite la restricción de que no se puede operar más que añadiendo al concepto de *raza* el de *cultura*, entonces *ipso facto* se abandona la exigencia de un principio racial, científicamente comprobado; en cuyo caso más vale abstenerse de sacar deducciones de él.

Tomemos un ejemplo. Si ciertas dotes espirituales han de considerarse como basadas en la raza, es evidente entonces que idénticas dotes denotarán una raza idéntica. Los judíos y los alemanes tienen extraordinarias dotes para la filosofía y para la música, elementos culturales de trascendental importancia. De aquí, pues, podría deducirse una fuerte identidad de carácter entre la raza semítica y la germánica. Prosiga cada cual la deducción como le plazca. El ejemplo es ridículo. Pero no es más estrafalario que ciertas conclusiones recibidas hoy con aplauso en amplios círculos de personas cultas.

La boga con que son acogidas hoy ciertas teorías raciales en su aplicación a estimaciones culturales y políticas no es debida a una especial estrepitosidad de la antropología. Trátase aquí del caso notable de una doctrina popular, que durante mucho tiempo y hasta hace poco había permanecido totalmente ajena al tesoro de los bienes culturales reconocidos y críticamente comprobados. Rechazada desde luego por la ciencia como insostenible, esa doctrina había seguido viviendo durante más de medio siglo en un sótano del averiado romanticismo, hasta que de repente las circunstancias políticas la han encumbrado sobre un pedestal, desde donde ahora se atreve a promulgar verdades científicas. La afirmación de superioridad basada en una pretendida pureza racial ha tenido siempre gran atractivo para muchos, porque es fácil e impresiona a los espíritus románticos, que por vanagloria olvidan los imperativos de la crítica. Fue manjar indigesto en la sobremesa del romanticismo y surgió en mentes como las de H. S. Chamberlain, Schemann y Woitmann. El éxito de opiniones como las de Madison Grant y Lothrop Stoddard, que imprimen en el obrero el cuño distintivo de una raza inferior, es de muy sospechoso carácter político.

La tesis racial, utilizada como argumento en la lucha cultural, significa siempre en el fondo el auto-elogio de quien la enuncia. ¿Ha sucedido alguna vez que un teórico de las razas confiese con temor y vergüenza que la raza a que él mismo pertenece es inferior? Siempre se trata de elevarse y de elevar a los suyos por encima de los demás; y a costa de los demás. La tesis racial es siempre hostil, siempre anti algo; mala señal, por cierto, para una teoría que se precia de científica. Siempre se trata de un punto de vista antiasiático, antiafricano, antiproletario, antisemita...

No pretendemos negar los problemas y conflictos gravísimos, de orden social, económico o político, que provoca el contacto de dos razas en un solo Estado o comarca. Tampoco negamos que la aversión de una raza a otra pueda ser de índole instintiva. En ambos casos, sin embargo, el momento antitético es irracional; y no es la misión de la ciencia elevar este momento irracional a la categoría de principio crítico. El carácter seudocientífico de las teorías raciales aplicadas se revela tanto más claramente en la existencia misma de estos contrastes.

Suponiendo que una instintiva aversión racial tenga en efecto bases biológicas (como, por ejemplo, el caso de muchos que declaran no poder aguantar el olor del negro), es lo cierto que hasta hace poco tiempo el hombre culto habría considerado como un deber el esforzarse por comprender la animalidad de esa reacción y por reprimirla en la medida de sus fuerzas, en vez de fomentarla y vanagloriarse de ella. Como ha observado acertadamente el *Osservatore Romano*, la política no puede hacerse "sobre bases zoológicas" en una sociedad fundada sobre bases cristianas. Para una cultura que deja el campo libre a la animosidad racial y aun la alienta y fomenta, la condición de que la *cultura debe ser dominio de la naturaleza* no tiene ya consistencia.

En la condenación de la teoría racial, aplicada a la política, hay que hacer dos reservas. Primera: que no debe confundirse con una premeditada eugenesia práctica. No nos ocuparemos de lo que ésta pudiera quizás producir para la salud del Estado y de la humanidad. Segunda: que la vanagloria de sentirse un pueblo superior a otro no descansa necesariamente en la pretensión racial. El sentimiento de superioridad de los pueblos latinos se ha fundado siempre más en una calidad de cultura que de raza. El vocablo francés *la race* no ha tenido nunca ese matiz puramente antropológico. Aunque el orgullo y la vanagloria de una nobleza cultural propia parezcan a veces más racionales y aun más lícitos que el orgullo racial, no por eso dejan de ser también vanidades espirituales.

Por cualquier lado que se la considere, la aplicación de la teoría racial es siempre una prueba elocuente de lo poco exigente que es la opinión pública en lo que respecta a la pureza del juicio crítico. Los frenos de la crítica fallan aquí por completo.

Fallan también en otros muchos aspectos. La renovada exigencia de síntesis en las ciencias culturales –que desde el comienzo de este siglo tenía que seguir a un período de excesivo análisis, fenómeno en sí saludable y fecundo– ha permitido que las *ocurrencias* obtengan una elevada cotización en la producción científica. El mundo científico hierve en síntesis culturales atrevidas, muchas veces construidas con gran erudición y en las que la "originalidad" del autor celebra triunfos superiores a los que en realidad puede otorgar una ciencia equilibrada. El filósofo de la cultura ocupa a veces el lugar del *bel esprit* de antaño. No siempre percibimos claramente hasta qué punto él mismo se toma en serio; aunque, desde luego, quiere ser tomado en serio por sus lectores. Se produce, pues, algo intermedio entre filosofía de la cultura y la fantasía de la cultura; y el profesional mismo no llega siempre a distinguir la paja del grano. Una fuerte tendencia hacia los efectos estéticos en la expresión aumenta a veces el carácter confuso de esas producciones.

Las ciencias físicas no sufren dificultades semejantes. Poseen en la fórmula matemática la piedra de toque que contrasta en el acto el grado de autenticidad (no el grado de verdad) del producto. El *bel esprit* no cabe en su dominio, y el charlatán es denunciado fácilmente. El privilegio por una parte, pero también el peligro de las humanidades consiste en que su formación ideológica y su expresión se mueven en esferas que comprenden juntos lo estético y lo sensible.

La formación del juicio en el dominio de las ciencias no exactas se ha debilitado. En cambio, la ciencia física está cada vez más en situación de exigir estricta agudeza. La facultad netamente racional no es tanto como antaño el instrumento exclusivo de las ciencias culturales. Menos que antes templan su juicio la fórmula y la tradición. ¡Cuán frecuentes e indispensables son ahora palabras como "visión" y "concepción" para designar el proceso de formación del conocimiento! Con todo esto se ha introducido en el juicio una respetable cantidad de desenvoltura. Sin duda, esa mayor libertad de movimientos puede ser saludable. Pero muchas veces significa para el espíritu cierta oscilación entre la convicción firme y el juego con las ideas. Para un espíritu que se contraste a sí mismo rigurosamente, la decisión "esto opino de verdad" es hoy más difícil que en los días de la escolástica o del racionalismo, por ese carácter antinómico del pensar en general, de que ya hemos hablado. En cambio, esa decisión resulta tanto más fácil para los espíritus superficiales y los espíritus prevenidos y parciales.

A la debilitación de las normas que rigen el juicio crítico ha contribuido considerablemente, a mi parecer, esa tendencia del pensamiento que podríamos llamar freudiana. ¿De qué se trata? La psiquiatría halló datos importantes, cuya interpretación la condujo a trasladarse del terreno psi-

cológico al de la sociología y ciencias culturales. Y entonces aconteció el
fenómeno muy frecuente de que un espíritu perito en observaciones y análisis precisos, viéndose colocado ante la tarea de una interpretación cientí-
fico-cultural, es decir, de una interpretación *no exacta*, abandonó toda
ponderación en el uso de las normas demostrativas y, en un terreno poco
familiar, construyó sobre cada ocurrencia las más dilatadas conclusiones.
Estas, empero, no resisten la crítica del método filosófico-histórico, que
hubieran debido aplicar. Si además el sistema así construido recibe en
amplios círculos acogida calurosa, es reconocido como la verdad y son sus
términos técnicos manejados como medios de pensamiento al alcance de
todos, entonces los grandes grupos de bajo nivel crítico hallarán una ocasión bien venida para darse un hartazgo de ciencia. ¿No es asombroso considerar esas charlas lamentables con que los autores de escritos populares
urden tramas psicoanalíticas para "explicar" el mundo y el hombre y ensar-
tan con risueña satisfacción los "símbolos", los "complejos" y las "fases" de
la vida psíquica infantil, para extraer las consecuencias y fundamentar las
teorías más trascendentales?

IX. Abuso de la ciencia

La teoría racial es una seudociencia que ocupa ilegítimamente el lugar de la ciencia verdadera para servir un afán de poderío. Pero más fuerte y grave instrumento encuentra ese afán de poderío en la ciencia verdadera, cuando ésta se aplica a inventar y construir medios de obtener poder. El lema: "más vale saber que tener", que fue antaño grito jubiloso de la época liberal, empieza a lanzar un sonido lúgubre.

La ciencia, sin el freno de un principio superior, entrega en seguida sus secretos a la técnica, que se orienta en sentido gigantesco y mercantil; y la técnica, a su vez, menos frenada aún por principios supremos de cultura, crea con los medios de la ciencia todos los instrumentos que el organismo del poder reclama de ella. La técnica produce cuanto requiere la sociedad para el perfeccionamiento del tráfico y la satisfacción de las necesidades. Y todavía existe un sinfín de posibilidades. Cada nuevo descubrimiento científico abre nuevas perspectivas. Pero la sociedad, constituida como lo está ahora, no puede aún consumir todo lo que la técnica podría ofrecerle en lo referente a la habitación, la alimentación, la traslación y la transmisión de los pensamientos.

Medios de destrucción pídele también la sociedad a la técnica científica. El exterminio de la vida no significa siempre violencia de guerra o crimen.

Toda comunidad, a no ser que tome la posición extremada de rechazar toda defensa propia –posición ensalzada por algunas creencias indias– considerará saludable, lícita y hasta imperiosa la lucha contra las plagas con que el mundo viviente de los organismos vegetales y animales amenaza la vida humana. Asimismo, el mantenimiento del orden y la administración de la justicia pueden justificar la violencia y aun el aniquilamiento de vidas humanas.

Un punto más allá llega el uso de la ciencia al suprimir los gérmenes vitales. Hay casos en que la prevención de nacimientos por medios artificiales significa verdaderamente conservación del bienestar y la dicha sociales. Pero propiamente, el término "dominación de la naturaleza", que considerábamos imprescindible para toda cultura, ya no es aplicable aquí. Esto no es dominación, sino frustración de la naturaleza, exterminio potencial. El límite hasta dónde deba fijarse el uso científico de esos medios, sin que se transforme en abuso, depende del dictamen moral sobre restricción de nacimientos que, como se sabe, es impuesto esencialmente por el sentimiento religioso.

Pero aparte del criterio moral, que establece una distinción entre el uso y el abuso, plantéase el problema de las consecuencias sociales que pueda tener la restricción continuada de nacimientos. No faltan quienes vaticinen con este motivo una rapidísima y progresiva destrucción del pueblo, y, por consiguiente, de la cultura. Según cálculos basados sobre la teoría de la herencia y la demografía, la extinción de la provisión de hombres en Europa occidental, si continúa la restricción del número de hijos con la marcha que lleva hasta ahora, será cuestión de pocas generaciones.[1] Si esto es exacto, el problema de la crisis cultural perdería su sustancial urgencia, ya que el resultado anticipado sería la ruina. Pues ¿cómo se conservaría una cultura faltando los que la hubiesen de heredar?

Sea de esto lo que fuere, no cabe afirmar sin reservas que la ciencia, habiendo perfeccionado técnicamente la restricción de nacimientos y convertido en higiénicamente anodina, desempeñe incondicionalmente su función para la salud de la humanidad y de la cultura.

Mucho más crítico todavía llega a ser el juicio sobre el uso o el abuso de la ciencia, cuando se refiere a la producción de los medios directamente encaminados a la destrucción de vidas humanas y de bienes humanos en gran escala. El que escribe estas páginas no es un pacifista radical ni un predicador del desarme absoluto. Condena la matanza de hombres. Pero

---

1. Así, E. Charles: *The Invention of Sterility*, en el volumen *The Frus-tration of Science*, Londres, 1935.

no sólo hace alto ante el individuo en estado de legítima defensa y ante la protección del orden jurídico, sino que también está convencido de que el ciudadano ha de servir a su patria, matando y muriendo, si así lo exige su deber militar. Cree que pueden darse circunstancias en las cuales la extinción voluntaria de una generación entera sería preferible a la conservación de algunos por la culpa de todos.

La Gran Guerra de 1914-1918 ha dilatado hasta el extremo nuestro sentimiento de lo políticamente lícito. Hemos comprendido que, una vez dada la guerra, había que soportarla y que era imposible –dado el perfeccionamiento de la técnica científica– no usar los nuevos medios de destrucción, desde los que actúan en el aire y debajo del agua, hasta los de índole química y balística. Vemos con sentimiento de oposición impotente cómo la técnica científica internacional continúa creando y perfeccionando estos medios. Pero un punto hay en el que nuestra tolerancia para presenciar todo eso debiera declararse en huelga. Es éste la guerra de bacterias. Parece ser, en efecto, que en algunos países se estudian y fomentan con ahínco las posibilidades –encarecidas públicamente por algunos individuos– de pelear difundiendo gérmenes morbosos.[1] Sin duda, cabe decir: ¿qué diferencia existe entre actuar con explosivos o gases y actuar con gérmenes de enfermedades? ¿Acaso en épocas anteriores no se envenenaban las fuentes? En efecto, sólo se trata de una diferencia emotiva. Pero si hemos de llegar a que los hombres se combatan unos a otros, *con la ayuda de la ciencia*, es decir, con lo que todas las civilizaciones, desde la más alta hasta la más baja, han respetado siempre como actuación de Dios, del Destino, del Demonio o de la Naturaleza, ello representará un escarnio tan satánico del principio que informa el universo, que más valiera a la humanidad culpable hundirse en su propia indignidad.

Y cuando esta cultura en que vivimos recobre un orden mejor y un sentido más humano, el solo hecho de haber planeado seriamente la guerra de bacterias quedará para siempre como mancha infame sobre una generación pervertida.

---

1. Así, P. A. Gorer : *Bacterial Warfare*, en el volumen *The Frustration of Science*, Londres, 1935.

X. ABANDONO DEL PRINCIPIO INTELECTUAL

¡Creciente indiferencia crítica, obnubilación de la capacidad crítica, corrupción de la función científica! Todos estos hechos indican un grave menoscabo de la cultura. Pero quien crea que señalando esos síntomas ataja el mal en su principio, se engaña por completo. Porque ahora llega atronadora la vehemente objeción de los que se creen portadores de la cultura venidera. No queremos, dicen, que el conocimiento comprobado se siente sobre el trono para decidir de nuestros actos. No es nuestra meta pensar y saber, sino vivir y hacer.

He aquí el punto central en la crisis de la civilización: el conflicto entre el conocer y el existir. Este conflicto no constituye una novedad. Ya en los tiempos más antiguos de la filosofía hízose cargo ésta de la insuficiencia fundamental de nuestro conocimiento. En el fondo, la realidad en que vivimos continúa siendo incognoscible, imposible de aprehender con los medios del espíritu, absolutamente incongruente con el pensamiento. En la primera mitad del siglo XIX esta vieja verdad, sabida ya por un Nicolás de Cusa, fue nuevamente proclamada por Kierkegaard y colocada en el centro de su especulación como contraposición entre la existencia y el pensamiento. Ello le sirvió para fundar más sólidamente su fe. Pero los que vinieron después de Kierkegaard y, caminado independientes, aunque por vías semejantes, se apartaron del pensamiento y de la orientación hacia Dios, hicieron encallar la idea, ora en nihilismo y desesperación, ora en el culto de la vida terrenal. Nietzsche trató de salvar al hombre de su trágica renuncia a toda verdad y admitió allende el afán de conocer las cosas un fondo más profundo, una voluntad de vida, que creyó comprender como voluntad de poderío. El pragmatismo quitó al principio de la verdad la pretensión de validez absoluta, colocándolo en el cauce de la corriente que la época seguía. "*Verdad*" es todo aquello que posee valor esencial para los hombres que la profesan. Algo es verdad según el valor que tenga para un determinado período. Un espíritu tosco podía fácilmente entenderlo así: porque algo tiene validez, por eso es verdad. Las consecuencias contenidas en un concepto de la verdad, reducido a relatividad, encerraban una especie de igualitarismo intelectual y moral, una supresión de toda diferencia de categorías y valores entre las ideas. Pensadores sociólogos como Max Weber, Max Scheler, Oswald Spengler, Karl Mannheim, encontraron en la "vinculación del pensar al ser" un punto de partida que les aproximó al materialismo histórico, implicando *ex professo* la tendencia "antinoética", detractora del pensamiento cognoscitivo. Al hablar de tendencia "antinoética" quiero expresar con este término un concepto muy general: el "oponerse al principio del conocer". Pues bien, poco a poco, las fuerzas "antinoéticas" de un siglo han ido confluyendo en una corriente poderosa que, en poco tiempo, ha llegado a poner en peligro diques de cultura espiritual, siempre considerados como inquebrantables. Fue George Sorel quien en sus *Réflexions sur la violence* sacó de todo ello la consecuencia práctica política. Sorel es el padre espiritual de todas las dictaduras contemporáneas.

Sin embargo, no son sólo las dictaduras o sus partidarios los que profesan la subordinación del afán de saber al afán de existir. Aquí llegamos al fondo más profundo de toda la crisis cultural. Este cambio del rumbo espiritual es el proceso que domina el momento en que nos encontramos.

¿Es la filosofía la que ha dado el tono y la sociedad la que lo ha seguido? ¿O tenemos que invertir los términos y declarar que es la vida la que ha dictado su conducta a la filosofía? La doctrina de que hablamos, que subordina el conocimiento a la vida, exige, al parecer, esto último.

¿Ha habido jamás una cultura anterior que de modo tan radical abandone el ideal del conocimiento, el principio mismo de la inteligencia? ¿Dónde encontrar un paralelo histórico con el presente? En efecto, un anti-intelectualismo sistemático, filosófico y práctico, como el que presenciamos hoy, parece una novedad en la historia de la civilización humana. Sin duda, ha habido algunas veces cambios en la historia del pensamiento, durante los cuales una primacía extremada del *entendimiento* ha sido reemplazada por una primacía de la *voluntad*. Semejante giro acontece hacia fines del siglo XIII, cuando surge el pensamiento de Duns Escoto junto al de Santo Tomás de Aquino. Pero aquellos cambios no se referían a la vida práctica ni al régimen terrenal, sino a la fe, a la aspiración a penetrar en el fundamento de la vida; y siempre bajo la forma de un reconocimiento, aun cuando se prescindiera de la razón. El sentimiento actual confunde, empero, fácilmente el intelectualismo con el racionalismo. Antaño, los modos de acercarse a los problemas, aun cuando menospreciaban el pensamiento y la intelección lógicos y aspiraban a penetrar por intuición y contemplación en lo que la inteligencia no comprende, continuaban, sin embargo, orientados siempre en el sentido de conocer la verdad. La palabra griega *gnosis* y la palabra india *jnana* expresan claramente que aun la mística más pura sigue siendo un conocer. Sigue siendo el espíritu el que se mueve en el mundo de lo inteligible. Sentir la verdad fue siempre el ideal. Y no sé de ninguna civilización que haya rechazado el conocer en su sentido más amplio, abandonando la *verdad*.

Si hubo antiguas corrientes espirituales que abjuraron la lealtad feudal al instrumento lógico, a la razón, fue siempre en favor de lo superracional. Pero la cultura que hoy pretende dar el tono, no sólo abandona la razón, sino lo inteligible mismo; y en favor de lo infrarracional, de los apetitos e instintos. Opta por la voluntad; pero no en el sentido de Duns Escoto, con orientación hacia la fe, sino por la voluntad de poder terrenal, por la "existencia", por la "sangre y el suelo", en vez del "conocimiento" y el "espíritu".

Por lo pronto, quede aquí planteado el problema de hasta qué punto el reconocimiento irremisible de la "vinculación del pensar al ser" o "vinculación del pensar a la situación", representa un esclarecimiento de la conciencia cultural y, concebido con excesivo exclusivismo, es la causa inicial de la decadencia de una cultura.

XI. EL CULTO DE LA VIDA

El término que va a estar de moda pronto en los círculos cultos será, sin duda alguna, la palabra "existencial". Ya la veo despuntar por muchos lados. No tardará en llegar al gran público. El que, habiendo empleado ya con frecuencia la palabra "dinámico", quiera convencer a sus lectores de su maestría en la comprensión de las cosas, empleará dentro de poco tiempo la palabra "existencial". El vocablo se usará para renegar del espíritu más solemnemente todavía. Será como una declaración de "¡qué me importa a mí todo lo que sea el saber y la verdad!"

En reuniones científicas se oyen conceptos que, hasta hace poco, se consideraban tan faltos de sentido, que ni siquiera hubieran podido producir efectos cómicos. En un Congreso de filólogos celebrado en Tréveris, en octubre de 1934, alegó un interlocutor, según las relaciones de los diarios, que a la ciencia no debe exigírsele verdad, sino "espadas afiladas". A otro que, al parecer, estuvo irrespetuoso con ciertos modos de interpretar nacionalmente la historia, riñóle el presidente, afeándole su "falta de subjetividad". Adviértase bien que esto ocurrió en un Congreso científico.

A ese punto ha llegado el mundo culto de hoy. Y no se crea que la degeneración del juicio se limita a los países en donde ha triunfado el extremo nacionalismo. Cualquiera que observe lo que sucede a su alrededor, podrá advertir con reiteración que muchas personas cultas, las más veces jóvenes, manifiestan indiferencia por el contenido de verdad que pueda haber en las formas de su mundo ideológico. Ya no se distinguen claramente una de otra la ficción y la historia, en el sencillo y corriente sentido de estas palabras. Ya no tiene interés el poder o no comprobar la verdad de un tema espiritual. El éxito que ha obtenido la idea de *mito* es el más notable ejemplo de lo que decimos. Se adopta una fantasía cualquiera, en la cual se incluyen conscientemente elementos del deseo y de la imaginación y se la proclama "realidad pretérita", elevándola a norma de vida. Esto es confundir desesperadamente las esferas del conocer y del querer.

Tan pronto como ese "pensar vinculado al ser" pretende expresarse en palabras, desliza en el argumento lógico la metáfora fantástica, sin oposición alguna por parte de la crítica. La vida no se puede expresar en términos lógicos (nadie lo duda). Al poeta es a quien corresponde ese exceso sobre lo que el pensamiento lógico alcanza. El mundo empezó a conocer por medio de la poesía. Pero con el desarrollo de la cultura iniciase la distinción clara entre el pensador y el poeta. Cada uno tiene su esfera. El idioma de la actual filosofía de la vida contiene, sin embargo, una mezcla confusa de expresiones lógicas y poéticas. Entre estas últimas, la metáfora de la sangre ocupa un importante lugar. Los poetas y los sabios de todos los pueblos han empleado gustosos la metáfora de la "sangre", para condensar acertadamente en una sola palabra un principio vital activo. Aunque otros humores corporales, concebidos en abstracto, hubieran podido representar la misma sugestión de herencia y parentesco, fue, sin embargo, en la sangre en donde se vio, se sintió y se oyó fluir la vida. En la sangre derramada contemplóse el símbolo de la vida expirante. La sangre significaba valor y lucha. Desde muy antiguos tiempos, la imagen de la sangre asumió un sentido sagrado, llegando a ser incluso la expresión del más profundo misterio divino. Al mismo tiempo, es la sangre un término utilísimo para las más triviales locuciones de la vida diaria. Y cuando ahora vemos adoptada otra vez la metáfora de la sangre en el credo jurídico de un gran Estado moderno, ¿no ha de impresionarnos este hecho como un retorno a pretéritas mitologías? Pues ¿y cuando oímos a un ministro fundamentar un nuevo Derecho penal en fórmulas de una plasticidad que envidiaría un legista de la Edad Media?

La jerarquía de la sangre y del espíritu ha sido invertida por los que profesan la filosofía de la vida. He aquí una cita de R. Müller-Freienfels: "la esencia de nuestro espíritu no consiste en el conocimiento puro intelectual, sino en la función biológica como medio para la conservación de la vida". Pero, ¡cuidado!, no digamos que la sangre tenga sólo una función biológica.

Sentirse poseído por la vida –permítasenos esta terminología cara a sus profetas– debe considerarse como un síntoma de excesiva plétora. El perfeccionamiento técnico –que ha aumentado las comodidades de la vida–, la mayor seguridad, la más amplia difusión de los placeres, el bienestar creciente, cuyos efectos aún se hacen sentir, han conducido la sociedad moderna a un estado que la antigua medicina habría llamado *plétora*. Hemos vivido en superabundancia espiritual y material. Si tanto nos vanagloriamos de la vida es porque ésta se nos ha hecho muy fácil. La facultad de observación, incesantemente agudizada, la facilidad del tráfico espiritual, han inyectado en la vida fuerza y temeridad. Hasta muy entrada la segunda mitad del siglo XIX, la humanidad occidental acomodada estuvo en mucho más íntimo y continuo contacto con las miserias de la existencia. Ya hoy hemos perdido la costumbre de ciertas situaciones que incluso nos parecen incongruentes. Nuestros abuelos no podían, sino en medida muy escasa, calmar los dolores, curar las heridas o fracturas, abrigarse, disipar las tinieblas, alcanzar a otros hombres efectiva o verbalmente, limpiar con eficacia el cuerpo, evitar la suciedad y el hedor. Constantemente experimentaba el hombre de todas las latitudes las naturales restricciones que limitan el bienestar terrestre. Los eficaces cuidados de la técnica, de la higiene y de la ordenación sanitaria han mimado al hombre, que ha perdido su antigua resignación tranquila a las deficiencias cotidianas del bienestar, resignación que constituía la enseñanza de las generaciones pasadas. Pero al mismo tiempo corre el peligro de perder también la aceptación ingenua de la dicha dondequiera que se presente. Demasiado fácil se ha hecho la vida. Y al hombre, falto de fuerza moral, le ha trastornado el juicio la misma exuberancia de la vida. En épocas anteriores de civilización, ya sean cristianas o musulmanas o budistas, etc., siempre se manifiesta el contraste entre la dicha terrenal y la bienaventuranza celeste, negándose el valor de aquélla en comparación con el de ésta o con el de fundirse e identificarse en el Todo. Sin embargo, todas las religiones mencionadas han reconocido hasta cierto punto el valor de este mundo; y una vez aceptado este reconocimiento, no han dado cabida –o apenas– a ninguna negación de los valores de la vida otorgados por Dios. Y precisamente porque tenían clara conciencia de lo precario que es cualquier momento de bienestar terrenal, tasábanlo en su justo valor. Una orientación firme hacia la otra vida puede inducir sin duda a renunciar al mundo; pero no admite que la vida en el mundo sufra de sí misma, es decir, eso que se ha llamado "dolor del mundo".

También encontramos hoy contrastes en este terreno; pero son de linaje muy diferente de los anteriores. He aquí el primero. La seguridad de la vida, en definitiva, ha aumentado, y pasando por fases de comodidad y fáciles satisfacciones, ha abierto campo a toda clase de renuncias a la vida: negación filosófica de su valor, simple *spleen* sentimental, hastío de la vida. Mas, por otra parte, ha promovido un sentimiento general del derecho a la felicidad terrenal, a exigir satisfacciones en la vida. A este contraste se añade ahora otro. La actitud ambivalente que vacila entre gozar de la vida o rechazarla, se limita exclusivamente al hombre individual. La comunidad acepta sin vacilación alguna, y más convencida que nunca, la vida terrenal como objeto de toda acción y aspiración. Y así se ha ido formando un verdadero culto de la vida.

Pero entonces se plantea el grave problema de si una cultura elevada puede mantenerse sin cierta orientación hacia la muerte. Todas las grandes culturas que conocemos del pasado la han tenido. Hay señales que revelan que el pensar filosófico camina ya en esa dirección. Y es perfectamente lógico que una filosofía que estima el "existir" sobre el "conocer", comprenda también el fin de la existencia en la meta que se ha trazado.

Extraños son los tiempos en que vivimos. La razón, que antaño combatió a la fe y creyó haberla derrotado, tiene ahora que acogerse a esa misma fe para salvarse del derrumbamiento. Porque sólo sobre la base indebilitada e inquebrantable de un vivo sentimiento metafísico puede asentarse seguro un concepto absoluto de la verdad, con la consecuencia de normas absolutamente válidas de moralidad y justicia, frente a la corriente cada vez más fuerte del impulso vital instintivo.

¡Prodigioso hechizo! Se ataca al conocimiento y a la intelección; pero siempre con ese semiconocimiento y falsa intelección. Para probar que el instrumento del conocimiento carece de valor hay que apelar al mismo conocimiento que tanto se desprecia. La realidad y la vida misma enmu-

Johan Huizinga

decen en su opacidad. Hablar es ya conocer. Incluso las poesías que más apasionadamente se empeñen en acercarse a la vida misma (pienso en Whitman y en algunas poesías de Rilke) siguen siendo formas espirituales, siguen siendo un conocer. Quien quiera tomar en serio el concepto anti-noético debe abdicar de la palabra.

Una filosofía que de antemano declara su base de verdad dependiente de la determinada vida a que sirve, resulta superflua para los que tal vida viven y nula para el resto del mundo. Sólo vale para corroborar lo ya aceptado. ¿Por qué –si en definitiva no se aspira a ningún conocimiento–engancha un Estado sus pensadores delante –o detrás– de su carro triunfal, para probar su valor? Mejor sería proporcionarles un lecho conyugal, un azadón o una gorra de uniforme.

XII. Vida y lucha

La vida es lucha. Es esta una antigua verdad, que el cristianismo ha sabido siempre. Su validez como principio de cultura va encerrada en nuestra premisa de que toda cultura implica aspiración. Toda aspiración es lucha, es decir, dedicación de fuerte voluntad y extremadas fuerzas a vencer los obstáculos que surjan en el camino y estorben el logro de un fin. Toda la terminología de la vida anímica se mueve en el dominio de la lucha. Una de las más sustanciosas características del organismo vivo es el hallarse en cierto grado equipado para la actitud de lucha. Ya el pensamiento biológico implica la sentencia: vida es lucha. Se comprende que la doctrina que lo supedita todo a las exigencias de la vida acepte con avidez esa verdad como lema. Pero ¿cómo la entiende?

La doctrina cristiana, por su esencia y su fin, había señalado el mal como aquello contra lo cual se desarrolla la lucha. El mal era la negación de lo que está revelado como voluntad de Dios: de la sabiduría, del amor y de la bondad. Así es el mal consciente en el alma humana individual. En ella, pues, tenemos en última instancia el campo en que la batalla puede y debe pelearse: *por* el hombre *contra* lo malo en sí mismo. Mas por cuanto el conocimiento del bien y del mal, de la verdad y de la mentira, se organiza en Iglesia, en congregación o en dominio terrenal, la lucha contra el mal reviste también una forma extensiva y una orientación hacia lo externo. La lucha contra los malvados llegó a ser un deber para el cristiano. Lo trágico de la existencia terrenal, la situación de "entrecruzamiento" y mezcla de la *civitas Dei* con la *civitas terrena* –mientras exista este mundo– ha hecho de la historia de la cristiandad, es decir, de los pueblos que profesan a Cristo, otra cosa que no sólo el triunfo del cristianismo. La autoridad que dio el santo y seña para distinguir a los malvados ha sido alternativamente la autoridad de los partidos teológicos, encarnizados en sus luchas doctrinales, la de los reinos bárbaros, la de una Iglesia que luchaba por su existencia, la de unos pueblos apasionadamente creyentes y desaforadamente ambiciosos, la de gobiernos de Estados complicados en el conflicto eclesiástico. Pero si fijamos la atención en los antiguos concilios, o en las cruzadas, o en la lucha entre el Emperador y el Papa, o en las guerras de religión, vemos que siempre el supuesto de que la hostilidad se funda en el justo reconocimiento de la verdad y la mentira, del bien y del mal, se mantuvo firme durante todos aquellos tiempos. En esta misma convicción descansaba la decisión acerca de lo permitido al cristiano como arma en aquellas luchas. Dentro de los límites del cristianismo, la aguja de la conciencia podía señalar el deber a lo largo de una escala, cuyos puntos finales eran el estado absolutamente inerme y la carrera de las armas.

Contrastando las actuales convicciones acerca del bien y del mal con el principio cristiano o con un punto de vista platónico, adviértese que los fundamentos del cristianismo resultan abandonados, en teoría, sobre un frente mucho más largo que el de su abolición oficial o semioficial. Prescindamos por ahora de hasta qué punto sea esto también cierto para el sentimiento consciente individual. El hecho es que la noción absoluta del mal y del bien ocupa escaso lugar en el pensamiento público sobre los deberes cívicos. Para mucha gente, la concepción de la lucha por la vida se ha trasladado del dominio de la conciencia personal al de la vida pública de la comunidad. Y así, el contenido ético de aquel sentimiento de lucha se ha volatilizado en su mayor parte. Los hombres de hoy ven casi exclusivamente en la lucha por la vida –que aceptan como destino y deber– una lucha de la colectividad por algún fin público; la consideran, pues, como una función cultural. Es, por tanto, lucha contra determinados males públicos. A la consideración de esos males puede añadirse una sincera convicción ética; por ejemplo, con respecto al crimen, a la prostitución, al pauperismo. Pero cuanto más se refiera el mal al bienestar de la comunidad como tal –por ejemplo, a dificultades económicas o a enredos políticos– más se reduce el concepto de mal al de una debilidad interna, que hay que vencer, y al de una resistencia externa, que hay que combatir.

Pero como el hombre sigue siendo propenso a la indignación moral y a la condenación de los demás, aun después de haber abjurado todas las normas éticas, resulta que al concepto de debilidad detestable o de resistencia intolerable se mezcla un resto del horror al "mal"; y así se produce fácilmente la confusión que consiste en sentir toda resistencia como un mal.

Generalmente, las resistencias con que tropieza una comunidad son mantenidas por grupos de fuera. La lucha por la vida, como deber público, se convierte en lucha de unos hombres contra otros hombres. Estos *otros*, contra los cuales se lucha, ya no se presentan teóricamente como los *malvados*. En la lucha por el poder y el bienestar se les considera tan sólo como contrincantes, o como dominadores económicos o políticos. Por tanto, según el punto de vista del grupo, esos *otros* son los competidores, o los que detentan los medios de producción, o los que poseen calidades biológicas indeseadas, o sencillamente unos vecinos, más o menos afines, que cohíben la expansión del poder. En todos estos casos, una condenación ética no va unida a la voluntad de hostilizar, supeditar, expulsar, expropiar o exterminar. Mas la naturaleza humana sigue siendo débil, aunque se abjure el reconocimiento de esta debilidad en un paganismo heroico. Y así, a toda voluntad de lucha se añade, no obstante, el odio contra los adversarios, que sólo debiera recaer sobre la maldad.

Las reacciones psicológicas, a que la masa está sometida, obnubilan la inteligencia de la comunidad, que busca o teme la lucha. Sobre todo, actúa con fatales consecuencias el miedo a lo desconocido, que se atisba en lontananza. Por fuerte que sea el armamento técnico, por vivo que sea el contacto general entre los mutuamente interesados, más grande es el peligro de que un conflicto político, pese a la extremada voluntad de prevenirlo, estalle por miedo en esa forma precipitada y a la larga ineficaz, que llamamos guerra.

¡Honor al soldado en el campo de batalla! Con los trabajos y las miserias de la carrera militar recobra todos los valores de la más alta ascética. En su alma ya no hay odio. En el continuo y sostenido servicio de abnegación total, en la absoluta obediencia a un fin que él mismo no ha fijado, cumple una misión que supone el más alto desarrollo de sus funciones éticas.

¿Puede extenderse empero esta impecabilidad del soldado hasta reconocer también que sea impecable la enemistad de los Estados? ¿Puede reconocerse el buen derecho de un Estado a guerrear por su propio interés? Así lo afirma una teoría política, profesada hoy en Alemania, casi sin excepción, tanto por los que piensan como por los que actúan. Sencillamente, esta teoría no considera ningún elemento de maldad humana en las relaciones de los Estados entre sí.

Para llegar a tal doctrina basta con construir un *a priori*, que coloque al Estado, como un objeto equivalente e independiente, junto a los fundamentos de lo verdadero y de lo bueno. Con gran elocuencia y agudeza la expone Carl Schmitt, notoria autoridad en Derecho político, en su folleto *El concepto de lo político*.[1] El razonamiento comienza asi: "La distinción propiamente *política* es la distinción entre *amigo* y *enemigo*. Esta distinción es la que da a los actos y motivos humanos su sentido político; a ella conducen a la postre todos los actos y motivos políticos... Por cuanto no se puede derivar de otros caracteres, corresponde en lo político a los caracteres relativamente independientes de otras antítesis: bueno y malo en lo moral, bello y feo en lo estético, útil y perjudicial en lo económico. En todo caso es *independiente*..."

Poner lo político como categoría independiente es, a mi parecer, una formal e *implícita* –y también reconocida– *petitio principii*. Y de un principio, que nadie, cuya filosofía tenga aún todavía el más mínimo contacto con Platón, con el cristianismo o con Kant, estará inclinado a aceptar.

Si fuese admisible equiparar la antítesis amigo-enemigo con las demás antítesis mencionadas, seguiríase que en lo político –en donde la contraposición es esencial– la relación de amigo y enemigo estaría colocada por encima de todas las demás. Al fin del primer párrafo se dice: "La independencia de lo político se demuestra en que es posible separar de otras distinciones la contraposición específica de amigo y enemigo, y compren-

---

1. C. Schmitt : *Der Begriff des Politischen*, tercera edición, Hamburgo, 1933, Hanseatische Verlagsanstalt. La primera edición es de 1927.

derla como algo absoluto." ¿No es esto apreciar con exceso la capacidad del argumento, que es lógico en sí mismo y recuerda la infancia de la escolástica? ¿No será que el pensamiento de este jurista perspicaz se mueve desde un principio en un círculo vicioso, en el sentido más literal de la palabra?

No resulta difícil al autor quitar luego al concepto de enemigo su sabor moral, traduciéndolo de πολεμῃοξ, *hostis*, y no de εχθροζ, *inimicus* (pp. 10-11). Con mucha razón llama la atención sobre que San Mateo (5, 44) y San Lucas (6, 27) no dicen: *diligite hostes vestros*, sino *inimicos*. Y con mucha razón añade también que la práctica del cristianismo, durante todo el tiempo de su existencia, conocía sin duda, y reconoció, el concepto de *hostes*, enemigos públicos; y que la frase bíblica arriba citada no toca, por tanto, a la situación política. Pero ¿justifica esto el parangonar la relación política de hostilidad (claro está que aquí amigo no significa propiamente nada positivo) con la de lo verdadero y lo falso o lo bueno y lo malo? La cuestión debe ser negada, acéptese o no el principio cristiano.

Claro está que sería más lógico establecer la antítesis: más débil-más fuerte, en vez de la de amigo-enemigo. Porque amigo no tiene significación determinada en la antítesis, y enemigo sólo tiene la de combatiente. En ningún combate hay a la larga igualdad de fuerzas. La tesis misma contiene el reconocimiento positivo del derecho del más fuerte.

Pongámonos, sin embargo, en el punto de vista del autor. Su posición implica que se rechaza como irracional, necio e inútil el someter un conflicto político a la sentencia de terceros (p. 8). Al Estado, por tanto, a cada Estado, le corresponde absolutamente la decisión de *cuándo* y *cómo* ha de combatir al enemigo.[1] Y, según parece deducirse, también la decisión de *quién* es el enemigo. Y también, al parecer, la decisión de, si todo sujeto que actúa "políticamente" por sí mismo es Estado, y tiene, por consiguiente, derecho de tener enemigos. Y aquí se presenta un punto capital, del cual el

---

1. Página 28. La parte práctica de la fórmula de Schmitt, si se aplica a la misión de la ciencia en general, puede resultar conforme con la base de la filosofía de la vida. Cierto señor W. Berne exige que "la ciencia haga uso político de sus resultados, esto es, de acuerdo con la relación amigo-enemigo, y por la verdadera existencia de nuestro pueblo" . *Vergangenheit und Gegenwart*, 24, 1934, págs. 660-670.

autor quizá no haya sondeado todas las consecuencias recónditas, o, al menos, no las ha considerado todas. Un grupo que aspira a la independencia política, ¿está ya en estado de comportarse políticamente? ¿Y los miembros de una Liga de Estados? ¿Y un partido o clase que reclama para sí la dirección del Estado? La consecuencia ha de ser forzosamente que en todos estos casos la determinación del carácter de Estado corresponde a aquella comunidad que quiere luchar. Pero entonces, tras la independencia de lo político se halla inmediatamente el reconocimiento de la anarquía.

Además, cae de su peso que si todo interés por extender el poderío queda entregado al juicio del Estado mismo, y puede siempre interpretarse fácilmente como condición de la existencia, entonces la usurpación de un pequeño Estado por uno grande se convierte en mera cuestión de deseo y de ocasión.

Junto al que profesa la independencia y sustantividad de lo político están los partidarios, en principio, de la guerra.

La conquista es condición de existencia para el Estado, piensa el conocido sociólogo Hans Freyer. "El Estado, para que realmente exista entre otros Estados..., necesita una esfera de conquista a su alrededor... Tiene que conquistar para existir".[1]

No cabe más concisa negación del derecho a la existencia del pequeño Estado. Freyer es uno de los que glorifican la guerra como función sustancial del Estado. Conocida es la sentencia incesantemente repetida: "Toda política es... continuación de la guerra con medios distintos." "Durante la tregua que llamamos paz, el Estado debe tender en todo hacia el regreso de la situación normal: guerra" (p. 142).

Hace mil quinientos años consagró San Agustín algunos capítulos (Lib. XIX, caps. 12 y 13) de su grandiosa concepción *De civitate Dei* al sencillo razonamiento de que toda lucha, incluso la de las fieras y la de los bandidos míticos del tipo Caco, tiende al restablecimiento de un estado de equilibrio y armonía, que llamó paz. Esta sencilla verdad: que en el cosmos el hombre aspira a armonía y no a discordancia, ha quedado hoy invertida. Hoy se rinde homenaje a la guerra como estado normal. He aquí a lo que ha llegado la sabiduría del siglo XX.

1. H. Freyer : *Der Staat*, Leipzig, Rechfelden, 1925, página 146.

"La Historia humana, en la edad de las culturas superiores, es la historia de los poderes políticos. La forma de esta historia es la guerra. También la paz pertenece a ella. La paz es la continuación de la guerra con otros medios..."[1]

"El hombre es una fiera... Al llamar al hombre fiera, ¿a quién ofendo, al hombre o al animal? Pues las grandes fieras son nobles criaturas, de índole más perfecta y sin el carácter de la moral humana, que es mendaz por debilidad".[2]

Esta última sentencia, que dicha por Spengler halla eco en círculos mucho más amplios que si estuviera en boca de Schmitt o de Freyer, ¿no impresiona como si procediera del siglo pasado? ¿No parece una desilusión romántica algo ajada ya? ¿Es en verdad justo calificar de fiero el original afán de lucha? ¿Existe acaso una fiera que luche por luchar? ¿No se lucha siempre –como arguyó San Agustín– por aquella *pax*, aquella tranquilidad de la existencia, que el santo veía extendida como principio de la vida cósmica desde los objetos inanimados hasta los cielos?

Ese pensar especioso, que pasa por realismo porque arregla hábilmente sus cuentas con todos los principios molestos, ejerce una gran fuerza atractiva en la edad pubescente. Una característica de nuestro tiempo es que muchos hombres no superan las representaciones de la pubertad. La confusión y mezcla de la pasión y la intelección no es vencida ya por la existencia moderna. Y en ella se basa la filosofía de la vida.

La glorificación del *existir* sobre el *conocer* implica aún otra consecuencia, sobre la cual debemos llamar la atención por un momento. Es ésta: que abandonar el primado del conocer implica también abandonar la norma del juzgar y con ella la del deber. Pues todo juicio moral es, al fin y al cabo, un acto de conocimiento. Los autores antedichos aceptan de plano esa consecuencia. No emitimos juicio sobre los fenómenos de la cultura –dicen–; nos limitamos a hacerlos constar. Pero tratándose de relaciones y conductas humanas, nunca basta el hacerlas constar; irremisiblemente hay que valorarlas. En la obra citada dedica C. Schmitt algunas páginas notables al concepto del mal. Inclínase a reconocer un pecado original, es decir, hace

1. Osvaldo Spengler : *Años decisivos.*
2. *Ibid.*, pág. 14. Véase *Der Mensch und die Technik*, páginas 14 y sigs.

constar "que todas las verdaderas teorías políticas (se refiere a Maquiavelo y a Hobbes)... presuponen que el hombre es "malo" (pp. 43-46). Pero, ¿cómo entiende esto? Véase lo que dice: "malo" es un ente que de ningún modo es improblemático, sino "peligroso" y "dinámico". Un ente, pues, a quien por lo visto le está perfectamente permitido ceder a su maldad. He aquí una definición del mal que ha sido totalmente transmutada, perdiendo todo sentido; gira vanamente, como una peonza, en el círculo vicioso de la tesis del autor.

Los que profesan la filosofía de la vida, ¿a qué recargan sus lucubraciones con términos cristianos? Si estos términos poseyeran para ellos algún sentido, ya hubieran comprendido desde hace mucho tiempo que la doctrina de una vida política sustantiva, realizada en la antítesis amigo-enemigo, significa una mengua tal del espíritu que, allende la esfera del ingenuo animalismo, llega al satanismo y proclama el mal como pauta y lumbrera.

XIII. Decadencia de las normas morales

Al considerar las consecuencias de una doctrina que, abandonando el principio intelectual, se acoge a las exigencias de una existencia en última instancia irreductible al conocimiento, nos hallamos ya en la cuestión de las bases morales de la sociedad. ¿Hay motivos para hablar de una decadencia moral, juntamente con la creciente indiferencia crítica y la debilitación de la facultad crítica? Y en este caso: ¿cómo se manifiesta ese fenómeno?

Ante todo conviene establecer la distinción entre moral y moralidad, teoría y práctica de un período social. Los moralistas de todos los tiempos han lamentado siempre la profunda decadencia moral de los días en que vivían. No lo hacían en virtud de estadísticas comparativas, puesto que no disponían de ellas. Sólo veían que la mayor parte de los hombres de su tiempo eran malos. Y se entregaban a la ilusión idílica de que el pasado había sido mejor. Tal vez fue mejor, en efecto; pero también es posible que no lo fuera. Nuestro tiempo posee un principio de estadísticas comparativas; pero éstas no alcanzan muy lejos en el pasado. Su esfera es limitada, su tendencia dudosa, su fuerza demostrativa escasa. Por cuanto se trate de hechos perceptibles, de carácter público, no hay motivo, al parecer, para condenar nuestro tiempo como moralmente peor que cualquier otro tiempo precedente. Esto no quiere decir que el nivel moral individual haya subido, sino solamente, por de pronto, que el orden público sabe frenar hoy con más eficacia que antes determinadas manifestaciones de conducta popular inmoral, principalmente aquellos comportamientos que arraigan en insuficientes circunstancias y medio ambiente sociales, como abuso de la bebida, prostitución, descuido de los niños.

Inaccesible a la estadística es la pregunta de si el hombre medio es más "honrado" que antes, o al contrario. El número de condenas por hurto, falsedad, estafa o desfalco no hace al caso. Lo que importa son los mil matices de sinceridad y lealtad, que escapan al juez de lo criminal, al inspector de hacienda, y aun a la crítica social corriente.

Lo mismo cabe decir, y aun en mayor medida, de todos los fenómenos que se dan en el terreno de la ética sexual. Al condenar, ya sea por motivos religiosos o sociales, el aumento de los divorcios, la restricción artificial de los nacimientos, la desfachatez del vestido, la excesiva libertad en las relaciones sexuales entre los jóvenes, apenas se toca el núcleo esencial del problema. Mucho más que la obligación de la verdad y la honradez, la ética sexual ha sacudido el yugo de las normas religiosas. Sin embargo, lo mismo que el sentimiento referente al deber de la verdad, sigue postulando el reconocimiento de un criterio en el fondo de la conciencia individual. Sin el sentimiento personal de que el individuo debe resistir a un vicio radical, llamado impudor, la sociedad está irremisiblemente entregada a la degeneración sexual, cuyo resultado es el aniquilamiento.

Mas si consideramos atentamente el asunto, no hallamos motivo suficiente para hablar de un nivel moral más bajo que el de épocas anteriores de la convivencia occidental. Pero las normas de la moralidad en general, la teoría misma de la moral, sí que han sido gravemente afectadas. En esto sí que hay motivo sobrado para hablar de crisis, que tal vez deba considerarse aún más peligrosa que la debilitación intelectual. Aunque al parecer el hombre medio no se conduce peor ni mejor que sus antecesores, es hoy indudablemente muy frágil la base de convicciones sobre que se sustenta la obligación moral para quienes no se sienten sujetos a una ley moral dictada por la fe. La validez absoluta obligatoria de la ley moral cristiana ha caducado para muchos. Y suprimido el fundamento teórico, ¿va a perderse por completo todo sentimiento de respeto a normas superiores? Por lo visto, no. Ya sea por inercia, o por profundo arraigo en la vida interior, la moral cristiana sigue dominando a las normas públicas y privadas de los actos morales, en esa forma impotente con que la vida social la ha aceptado siempre. La ley, el trato y la vida industrial arraigan en la suposición de que una mayoría, considerada como normal, observa la ley moral. El individuo se siente comprometido a observarla, sin que se le ocurra pensar si esta obligación personal descansa en la fe, la filosofía, el interés social o cualquier otro fundamento. Procura conducirse "decentemente" para con los demás y para consigo mismo, sin preocuparse del porqué.

A no ser que su cultura espiritual le haga pensar en ello. Si se propone saber cuál sea el fundamento de la ley moral, entonces corre gran peligro de encontrar ensalzado el abandono de esas normas morales, que impensadamente viene aceptando. Por tres partes se está minando desde hace mucho tiempo la base del sistema moral: por el inmoralismo filosófico, por determinados sistemas doctrinarios de índole científica, y por doctrinas estético-sentimentales.

El inmoralismo filosófico sólo ejerce un influjo directo en círculos reducidísimos. Pero es grande su influencia indirecta. Los hombres son dóciles, y a muchos les basta saber que existen filósofos que niegan todo fundamento a la moral, para sacar la conclusión: bien poco ha de valer esa moral.

Más radicalmente que el inmoralismo filosófico actúa la influencia de los que confieren a la moral el carácter de la relatividad; método que lo mismo se contiene en el sistema científico del materialismo histórico que en los sistemas de conceptos psicológicos derivados de Freud.

En la doctrina del marxismo, el orden entero de las convicciones y obligaciones morales hállase situado en la superestructura espiritual que se alza sobre la estructura económica de cada época. Así, pues, está destinado a cambiar con esa estructura económica y a caer con ella. De esta suerte el ideal moral queda subordinado al ideal social, y es, en el pleno sentido de la palabra, un valor relativo. Incluso los elevados principios de camaradería y fidelidad a la causa del proletariado, principios que la doctrina marxista sustenta y fomenta, están a la postre motivados por un interés –el interés de clase–. El folletito sobre moralidad que se distribuye a los jóvenes ciudadanos soviéticos encomia el valor de la veracidad, en interés de la clase, exactamente lo mismo que la conveniencia y utilidad de llevar las uñas limpias. El juicio moral, en la forma en que lo concebiría un cristiano, un musulmán, un budista, un platónico, un espinosista o un kantiano, desaparece aquí por completo. Es evidente que semejante doctrina, en sus efectos prácticos sobre la masa, actúa en una forma grosera y siempre mal entendida.

El freudismo, tan extraordinariamente seductor por su aparato mitológico, que despierta fácilmente a ilusión de haber profundizado en el alma humana, ha absorbido sin duda alguna en las generaciones sucesivas desde el principio del siglo inauditas cantidades de sentimiento moral, con su concepto, fácilmente inteligible, de *sublimación*. Pese a la potencialidad que concede a cierta independencia espiritual, es, en realidad, mucho más anticristiano que la teoría ética del marxismo. Porque al colocar primariamente los apetitos infantiles en la base de toda vida anímica y espiritual, subordina –hablando en términos cristianos– la virtud al pecado y establece la carnalidad como origen de los más altos reconocimientos. Pero ¿qué poder tiene esto en una generación que ya está muerta para la filosofía cristiana, y que sabe manejar el término elástico de *libido* con tanta amenidad como el acordeón?

El autor repite una vez más que, al decir esto, no pretende enjuiciar los méritos del psicoanálisis como hipótesis activa o principio terapéutico. Pero así como en anteriores capítulos descubrió en el freudismo una puerta abierta de par en par a la debilitación del criterio crítico en el orden intelectual, así también declara ahora con certeza que el freudismo ha contribuido considerablemente a desarraigar la ética fundada en la conciencia y en la convicción clara.

Considerando en estricto orden cronológico los factores que han minado en su base el sistema de la moral cristiana, debiéramos colocar el factor estético antes que los factores filosófico y científico. Su efecto se remonta al siglo XVIII. Cuando el relajamiento de la fe afectaba ya al fondo de las convicciones morales, inicióse otro proceso de disolución mediante reactivos estéticos y sentimentales. La literatura descubrió el escaso contenido de verdad que encerraban las descripciones habituales de la virtud y del heroísmo. Nació entonces una nueva veneración de la virtud, que se supuso fundada con firmeza en bases naturales y burguesas; y juntamente surgió también la necesidad de contrastar su contenido con toques más sutiles. Ya se iba vislumbrando cierto sentimiento de que las relaciones sociales tenían alguna culpa en el crimen y el vicio. Esta es la época en que la literatura comienza a absolver a la joven seducida y a la madre infanticida. Va ganando terreno el instinto romántico. Surge entonces un cierto desprecio romántico a la virtud junto a su adoración también romántica. La virtud y la integridad, elogiadas durante tanto tiempo, han pasado ya de moda; causan vergüenza. La novela picaresca, con sus gráficas pinturas del vicio, había preparado el terreno. Con la consecuencia que suele darse en todo desarrollo de un género literario, desplázase el interés cada vez más de la virtud remunerada hacia el vicio impune. Y a medida que, en el siglo XIX, actúan más fuertemente los factores antimoralistas de otra índole, la literatura va abandonando cada vez más el punto de vista ético. La supresión de la censura la conduce a permitírselo todo. Para seguir excitando la atención del público, un género literario ha de sobrepujarse a sí mismo incesantemente, hasta sucumbir. El realismo se propuso la tarea de poner progresivamente al desnudo los detalles, primero de lo humanamente natural, y luego también de lo perverso. No se puede decir que con ello asumiera la función de la literatura obscena, que existía ya mucho antes, más o menos clandestinamente. Con todo lo cual, una gran parte del público, en cierto sentido cándido, se acostumbró a tolerar extremos asombrosos de licencia y amoralidad, por haber conectado con ellos una cierta presunción de arte.

Es problemático que la literatura desprendida de todo vínculo moral tenga un influjo directamente perjudicial sobre las costumbres. Sin duda alguna, los que a veces se asombran de los temas que lee la juventud contemporánea de ambos sexos, habrán notado, sin embargo, también que ese abandono consciente de todo principio moral y el coqueteo con el crimen –que la literatura presenta de vez en cuando–, no inducen en modo alguno a las generaciones más jóvenes a adaptar su manera de vida sin más ni más a la de los modelos que les ofrece esa literatura. Ni aun cierta ostentación de inmoralismo, que pudiera convenir a esa tendencia, es ya propia, en realidad, de los tiempos actuales.

En este punto debemos decir algo acerca del cine. Se le acusa de muchos males: excitación de instintos malsanos, fomento de la criminalidad, corrupción del gusto, cultivo atolondrado de la sed de placeres.

Frente a todo eso puede sostenerse, empero, que la película, mucho más que la literatura escrita, mantiene en el arte las antiguas y populares normas de un principio moral. La película es un factor moral conservador. Exige, si no la recompensa de la virtud, al menos, la compasión de sus dolores. Si justifica al bribón, en seguida disminuye ese sentimiento con algún elemento cómico o sentimental de sacrificio por amor. Para sus héroes pide simpatía conmovida y luego los recompensa con un feliz remate, efecto final imprescindible de todo verdadero romanticismo. En suma, la película glorifica una moral sólida y popular, inquebrantada por dudas filosóficas o de otro linaje.

Habrá quizá quien diga: lo hace porque se lo exige el interés mercantil. Pero este interés viene determinado por la demanda del público, mucho más que por los peligros de la censura cinematográfica. Cabe, pues, sacar como conclusión que ese código moral de las películas corresponde a las exigencias de la conciencia popular. Esto es importante, por cuanto prueba que el desarraigo de las ideas morales no ha introducido en el fondo grandes cambios en la función del sentimiento moral público. Pronto veremos hasta qué punto esto corresponde a la realidad.

En efecto, esa nueva voluntad que quiere encumbrar la existencia y la vida por encima del conocimiento y del juicio, recae sobre un espíritu desprovisto de preparación moral. Dicha voluntad, que desprecia el intelecto, no podrá encontrar pautas en una ética que se sabe a sí misma fijada como "conocimiento". Es de trascendental importancia observar debidamente cómo se motiva esa voluntad, y hacia dónde se halla orientada. Pero ¿cuál puede ser su fuerza directriz, si no ha de ser ni una fe trascendental, orientada hacia una salvación de ultratumba, ni el pensamiento de la verdad, ni la moral general de sistema cerrado, que abarca valores tales como la justicia y la misericordia? Una y otra vez la respuesta es la misma: sólo puede ser la vida, la vida ciega, opaca, la vida que es objeto y pauta a un mismo tiempo. El abandono de todas las bases espirituales va más allá de lo que sus defensores mismos puedan creer.

La debilitación general del principio moral manifiesta quizá su influjo directo en la comunidad más bien en permitir, excusar y aprobar actos, que en modificar las normas de acción individuales. Cuando se exteriorizan en acciones personales las formas agudas de la violencia, la mentira y la cruel-dad –de las cuales el mundo está más lleno que nunca–, son éstas todavía salvajismo y exasperación, consecuencias de la Gran Guerra y su comitiva de odios y miserias. El embotamiento general de las estimaciones morales se observa primero con más pureza en aquellos países que quedaron fuera del desequilibrio. Se manifiesta especialmente respecto a la valoración de los actos políticos. Difiere ésta notoriamente del juicio sobre los actos económicos. En lo referente a deficiencias morales de índole económica, delitos contra la fidelidad comercial, la propiedad, etc., el juicio público, por lo común, sigue siendo el que fue: condena sinceramente, aunque con una sonrisa tolerante de vez en cuando. A medida que el delito se comete en mayor escala, va aumentando la tolerancia, a la cual se une entonces la admiración. El estafador mundial encuentra más simpatía que el vulgar cajero infiel. En el juicio sobre los grandes escándalos financieros va mez-clado cierto respeto al talento, con que hubo de manejarse el instrumento gigantesco de la organización técnica y del tráfico mundial. Pero, bien mirado, puede, no obstante, decirse que el juicio moral del crimen econó-mico ha permanecido constante.

Ocurre todo lo contrario cuando el sujeto juzgado forma parte del Poder público y actúa en nombre de éste, revestido de autoridad propia o delega-da. Frente a las acciones efectuadas por el Estado o en su nombre, falla cada vez más en el gran público todo juicio moral. Salvo –claro está– cuando las actuaciones de un Estado ajeno o de un partido dentro del propio Estado se consideran ya, desde luego, como hostiles. Sin embargo, la propensión a aprobar y admirar las grandes acciones políticas no se refiere sólo al pro-pio Estado. La adoración del éxito, que ya ante los delitos económicos suele mitigar la condena moral, puede anular casi totalmente la indignación en el juicio político. Esto llega hasta el punto de que muchos hombres están dispuestos a admirar un resultado político, aun cuando se funde en prin-cipios que ellos aborrecen, si logra el éxito en la consecución del fin perse-guido. No hallándose en estado de juzgar el fin, la tendencia, los medios, el nivel en la realización verdadera del ideal, conténtase el espectador con esos signos exteriores del acierto, que le es dado observar al lector de periódicos y al turista. Así ocurre que, poco a poco, llega a saludar con respeto un sistema político, que al principio creyó deber despreciar, luego, deber temer, y, al fin y al cabo, acepta y admira como saludable. ¿Iniquidad, crueldad, coacción de las conciencias, opresión, mentira, felonía, engaño, infracción del Derecho? Sí, sí; pero ¡estas calles están tan limpias! ¡Estos trenes llegan tan en punto!

No es por azar por lo que el juicio político popular encuentra la rápida justificación de la iniquidad y la violencia sobre todo en las ventajas de orden y disciplina exteriores. El orden y la disciplina siguen siendo los signos más notorios de una organización del Estado que funciona con sólida fuerza. Y una vez más se manifiesta aquí la propensión engañosa a convertir los juicios verdaderos. Un organismo sano del Estado, ¿tiene orden y disciplina? Conversión: por consiguiente, el orden y la disciplina significan que el organismo del Estado está sano. Es como si el sueño tranquilo fuera bastante para caracterizar al justo.

Pero es imposible que el Estado –protestan muchos ahora indignados, y no sólo en el lado del despotismo moderno– sea criminal. No se puede considerar al Estado como sujeto a las mismas normas morales que la sociedad humana. Todo esfuerzo por hacerle comparecer ante el juicio moral se estrella contra la independencia del Estado; el Estado está *fuera de* toda moral. ¿También *por encima de* toda moral? Tal vez el que profesa la doctrina del Estado amoral esquive contestar a esta pregunta. Acudirá a construcciones como la que ya hemos referido antes: que lo político constituye una esfera independiente en absoluto y solamente dominada por la antítesis amigo-enemigo, es decir, por una relación que no expresa más que el peligro y el perjuicio y la aspiración a aniquilarlos; porque, como ya antes expusimos, en la antítesis el amigo significa simplemente el no peligroso. Por tanto, el Estado sólo debe ser juzgado según el éxito con que mantenga su poder.

Si bien la construcción es nueva, la doctrina del Estado amoral tiene ya una larga prehistoria. Con mayor o menor razón, puede citar como precursores a Maquiavelo, Hobbes, Fichte y Hegel. Un apoyo aparentemente sustancial encuentra en la historia misma, pues la historia nos refiere los motivos de las acciones que los Estados realizaron entre ellos y unos contra otros, y esos motivos no son casi nada más que afán de dominación, codicia, interés y temor. La teoría del absolutismo ha formulado para esto el término de *razón de Estado (raison d'Etat)*.

En períodos anteriores era todavía posible disimular el contraste entre la práctica política y el pensamiento cristiano, con la ilusión de que los actos del Estado, por interesados y violentos que aparecieran, sin embargo tocaban, en última instancia, a la salvación de la fe, al honor de la Iglesia, al derecho divino del rey o a la justicia cristiana. El espíritu simplista del antiguo sentimiento político aceptaba tales representaciones ingenuamente y con gusto. Entre un sincero idealismo, sostenido sobre la lealtad al príncipe y el patriotismo, la convicción entrañable de justicia, la hipocresía diplomática, quedaba en pie la convicción de que la patria era virtuosa y estaba en su justo derecho. Y el que no conseguía elevarse al grado necesario de optimismo, encontraba, sin embargo, una salida que dejaba intacto al carácter moral del Estado como tal: consideraba la milenaria tragedia de iniquidad y violencia como el procedimiento pecaminoso que sigue un Estado que se niega a santificarse. En virtud de dichas representaciones permanecía, pues, incólume el ideal, según el cual a los reinos y gobiernos les incumbe de hecho el santo deber de vivir con arreglo a las normas de la fe y la justicia. Al Estado no le era permitido prescindir de su fondo moral.

Poco a poco, el pensamiento sobre el Estado fue desviándose de los principios generales y trasladándose a la observación de la realidad. Perdió la sensibilidad para una ilusión demasiado fuerte. Al mismo tiempo había florecido un nuevo sistema del Derecho de gentes sobre las bases de la antigua doctrina política, la ética cristiana, las normas caballerescas y la teoría jurídica. Este sistema, independiente de la fe como tal, consideraba los Estados como formando una comunidad y obligados a los respetos y comportamientos que el Derecho exige a los individuos que viven en comunidad. Grocio dio al sistema su forma clásica, que ha podido inspirar en nuestros días a los cultivadores del Derecho de gentes en sus teorías fundamentales de una sana organización de los Estados.

Los que profesan la amoralidad política niegan expresamente toda base cristiana de la ley moral y toda doctrina de los deberes del Estado, así como su fundamento en el Derecho de gentes. No sólo se encuentran entre los partidarios de tendencias fascistas. Es punto de vista muy común también entre los historiadores. Citemos algunas opiniones de Gerard Ritter, expresadas muy claramente por este eminente historiador, de tranquilo pensar. Alemania, en tiempos de la Reforma –dice este autor–, estaba "todavía muy lejos de poseer una idea clara de la autonomía que, impuesta necesariamente por su misma esencia, posee la vida política frente a la Iglesia y frente a la tradicional doctrina eclesiástica de la moral". "La Confederación alemana de principados no tenía todavía conciencia de la autonomía moral de las finalidades seculares de su vida." Y dice al final del artículo: "Que toda aspiración política al poder deba justificarse ante el régimen divino del mundo y encuentre sus límites inquebrantables en la idea de la justicia absoluta y del derecho eterno, impuesto por Dios; que la sociedad de las naciones europeas, olvidada de todas las antítesis entre intereses nacionales, haya de constituir una comunidad de civilización cristiana, todo eso es, al fin, un conjunto de pensamientos auténticamente medievales. Si esas tradiciones antiquísimas no han desaparecido todavía por completo de la política inglesa; si en esta política perviven todavía en forma secularizada, mientras que las grandes naciones del continente suelen reconocer sin grandes escrúpulos morales el carácter puramente natural de toda aspiración secular al poder, con sus duras luchas de intereses, todo esto pertenece asimismo a las consecuencias de la lucha confesional que ha destacado tan agudamente el carácter espiritual de los pueblos europeos y los ha distinguido unos de otros".[1]

Con la misma franqueza expresa este punto de vista el sociólogo de la izquierda Karl Mannheim. Refiriéndose a *Die Idee der Staatsraison* de Friedrich Meinecke, habla de la "tensión moral" surgida en muchos pensadores, "cuando han descubierto que para las relaciones de los Estados con el exterior no vale la moral cristiana y cívica". Según Mannheim, el proceso de este descubrimiento se llevó a cabo de tal manera, "que gradualmente aquellas capas que tuvieron trato con la dominación hubieron de persuadirse a sí mismas de que tanto para el logro como para el manteni-

1. *Die Ausprägung deutscher und westeuropaischer Geislesart im konfessionellen Zeitalter* (*Historische Zeitschrif*), 149, 1934, pág. 240 (conferencia en el Congreso Histórico International de Varsovia, agosto de 1933). Como consecuencia de lo que decimos aquí, he tenido una muy grata relación epistolar con el profesor Ritter, quien me ha declarado que por autonomía moral no entiende el reconocimiento sin reservas del Estado amoral; y que no considera el influjo continuado de las ideas medievales de derecho eterno como un atraso, sino más bien, como un mérito del pensamiento político inglés frente al pensamiento continental.

miento del dominio *están permitidos*[1] todos los medios, aun los considerados inmorales en otras circunstancias". A la larga y paralelamente con la democratización progresiva de la sociedad, todas las capas –como ya apuntamos antes– se familiarizan con esta "moral política". "Hasta ahora, la moral del robo sólo era conscientemente válida en situaciones extremas y para grupos directores. Ahora este elemento de violencia no sólo no disminuye con la democratización de la sociedad (en contraposición con las esperanzas puestas en ella), sino que se convierte propiamente en la sabiduría pública de toda la sociedad." Mannheim ve el enorme peligro que representa esta "entrada de todas las capas en la política", "Si se les demuestra a las amplias masas que el robo es el fundamento de la constitución de los Estados en su totalidad y de las relaciones exteriores entre los Estados, y que también por robos interiores y empresas de botín pueden ser arrebatados los resultados obtenidos por el trabajo y por la función social...", entonces se acaba toda la ética del trabajo y su acción conservadora en la sociedad.[2]

Mannheim pone aquí de manifiesto una consecuencia peligrosa de la doctrina de la inmoralidad del Estado, a saber: que dicha doctrina no puede ser monopolizada por el Estado, sino que también otros grupos más reducidos, otros grupos seudopúblicos se apoderarán de ella para ponerla en práctica.

Allí donde una ciencia despreocupada llega a emitir juicios tan desconsoladores, no es de extrañar que la política práctica haga oír voces todavía más fuertes. En la inauguración solemne de una cátedra de Derecho alemán, el comisario de justicia del Estado declaró –si los periódicos reproducen exactamente su discurso– "que es un error creer que pueda hacerse política apelando a cierta justicia idealista. Hay que poner término a la fantasía ridícula de suponer que la justicia deba determinarse por algo más que por la dura necesidad que el poder del Estado siente de su certeza directa. La tierra pertenece a los héroes, no a los decadentes".

¡Fuera los decadentes, fuera todos esos que, desde Platón, han llenado el mundo de cobardes monsergas!

1. He subrayado estas palabras para que se note que la norma moral ha sido eliminada.
2. *Mensch und Gesellschaft im Zeitalter des Umbaus*, Leiden, 1935, págs. 50-52.

Así, pues, al Estado, según estas doctrinas, le está permitido *todo*. Le está permitido, por propia determinación, por el interés del poder, por propia decisión, quebrantar la fidelidad jurada. No les es imputable a maldad ni la mentira, ni el engaño, ni la crueldad contra extraños o propios, si con ellas se sirve a sí mismo. Le está permitido combatir al enemigo con todos los medios posibles, aun con la diabólica guerra de bacterias. Recuerdo que en mi juventud podía leerse en los libros de geografía que sólo algunos pueblos de baja civilización hacen uso de flechas envenenadas y que esta costumbre va desapareciendo en las civilizaciones más elevadas. No sé si los libros escolares de ahora siguen repitiendo la misma afirmación. Pero si la repiten, ya es tiempo de que rectifiquen... los libros escolares o la humanidad.

Por lo que se refiere al Estado, no cabe, pues, hablar de delitos o crímenes políticos que el mismo Estado pudiera cometer. La teoría establece lo mismo también para el enemigo. Tampoco el Estado enemigo es susceptible de ser aprobado o condenado moralmente. Pero he aquí que en este momento la mezquindad de estas ideas sobre el Estado, envueltas en los impuros velos de la obcecación y el egoísmo humanos, toman venganza de la teoría. En la práctica esa magnífica teoría que presenta al Estado como ajeno a toda moral, no es válida más que para el propio Estado. Porque tan pronto como la enemistad se agudiza, la soberbia del acerado razonamiento se convierte en histérico vocerío y, acudiendo ansiosamente al viejo arsenal de la virtud y del vicio, enarbola el ultraje y la insinuación contra el enemigo, a quien califica de falso, engañador, cruel, astuto y diabólico. Pero ese enemigo, ¿no es también un Estado? ¿En qué quedamos?

No puede haber, pues, *obligación* política para con los extraños. No existe tampoco *honor* político; por cuanto honor significa lealtad al ideal que alguien se ha propuesto a sí mismo. Mas allí donde no hay ni obligación ni honor, tampoco puede haber confianza. *Regna regnis lupi*. Los Estados son lobos para los demás Estados. Y esto se dice, no como suspiro pesimista, a la manera del viejo *homo homini lupus*, sino como dogma e ideal político. Ahora bien –y esto encaja mal en la teoría–, toda convivencia, incluso la de los animales, se basa en la confianza mutua de las criaturas, que *pudieran* exterminarse unas a otras. No cabe convivencia entre hombres o Estados sin mutua confianza. Un Estado que de continuo proclamase jactancioso: "no os fiéis de mí" –como lo requiere, en efecto, la teoría del *Estado amoral*–, no podría subsistir si de hecho el mundo aplicase esas ideas, a no ser que fuese en absoluto más poderoso que todos los demás Estados juntos. La consecuencia de la absoluta autonomía nacional sería, pues, el retorno a la quimera del universalismo político.

Esta doctrina de la autonomía moral o, mejor dicho, inmoral del Estado, es, sin duda, el mayor peligro de ruina que amenaza a la civilización occidental; porque toca al poder más fuerte, la que puede crear y destruir el mundo. Trae consigo, como consecuencia ineludible, el exterminio mutuo o el agotamiento y enajenación recíprocos de las unidades en que se basa esta civilización: los Estados nacionales. Además, amenaza a esas mismas unidades con la disolución interior. En efecto, es inevitable, como ya hemos indicado, que cualquier grupo que se crea bastante fuerte para lograr sus fines por la violencia presuma de poseer ese carácter político de Estado, es decir, de no estar sujeto a ninguna obligación moral. En el porvenir, esa soberanía amoral del Estado ofrece, pues, la perspectiva de la anarquía y la revolución. La pretensión del Estado, que impone interiormente a los suyos la lealtad y la obediencia incondicionadas, encuentra sus límites, por una parte, en la conciencia; pero, por otra parte, en el egoísmo de la naturaleza humana.

Las decisiones libres acerca de cuál sea el interés del Estado y de cómo deba imponerse por la fuerza, han de ser tomadas siempre por los que se llaman los conductores. Los juramentos que los súbditos presten a esos jefes no rebasarán nunca la confianza que inspire su sabiduría. Si existen discrepancias en el grupo director y si estas disensiones adquieren tal importancia que los dos grupos se crean destinados a imponer su criterio, entonces es forzoso que el más fuerte o el más resuelto domine o extermine al otro. Así, la doctrina del amoralismo político implica la consecuencia del Estado absoluto y, con ésta, la práctica de los golpes de Estado y de las revoluciones palaciegas.

Por cuanto la doctrina del Estado amoral contiene la negación de todo principio de verdad, lealtad y justicia, como conceptos generales humanos, quienes la profesen han de verse forzados a abjurar deliberadamente el cristianismo. No lo hacen; al menos no lo hacen unánimemente y a las claras. Creen, como el Tartufo de Molière, que "*il est avec le ciel des accommodements*", y pretenden imponer al cielo esos acomodos de manera algo ruda.

En todo esto se manifiesta en forma notable esa ambivalencia del pensar moderno, a que ya nos hemos referido; o, en términos más familiares, un ampuloso esfuerzo por nadar y guardar la ropa. Proclámase una doctrina del Estado que es contraria al cristianismo como a toda ética filosófica basada en una ley moral imperativa de la conciencia. Pero, al mismo tiempo, se mantiene la vista puesta en la conservación de la Iglesia y de la ética, bien que ajustadas ambas en la cota de mallas del nuevo Estado.

Esta actitud difiere efectivamente de la adoptada en siglos anteriores. Desde el siglo XVI hasta bien entrado el XIX, los Estados nacionales no se han comportado generalmente, en sus relaciones mutuas, de un modo más moral que hoy. Pero además mantenían íntegramente su carácter cristiano, y aun lo invocaban como principio de sus actos. Ello implicaba indudablemente una cantidad considerable de hipocresía, la cual no resultaba mitigada por el hecho de que no fuera una conciencia individual, sino comunidad de Estado quien la cometiera. No obstante, toda la conducta del Estado continuaba sometida a una sola doctrina, y cuando las infracciones del deber moral eran demasiado claras, la opinión pública no dejaba de criticar como injustos actos del Estado propio.

Ahora, en cambio, la posición en que se coloca al Estado en la doctrina del amoralismo político es totalmente diferente. El Estado afirma su absoluta independencia, y si consiente a su lado como propias comunidades la Iglesia y la fe, con sus leyes morales formuladas y obligatorias, estas comunidades no son ya ni siquiera equivalentes, sino que están subordinadas a la doctrina seguida por el Estado.

Claro está que sólo los absolutamente desprovistos de religión y esos nuevos paganos de inspiración wagneriana pueden acomodarse a semejante doctrina, que desconoce todo deber moral.

Pero –preguntará el pensador de orientación realista–, ¿qué norma moral propone el autor como absolutamente válida para la vida del Estado y de probable cumplimiento? ¿Cree de veras que en las complicaciones internacionales los Estados van a comportarse como modelos de virtud? De ninguna manera. La historia, la sociología, el conocimiento de la naturaleza humana, se oponen a semejante optimismo. Los Estados seguirán conduciéndose predominantemente con arreglo a su propio interés, o a lo que crean ser su propio interés; y sólo concederán un milímetro a los dictados de la moral internacional, es decir, al temor de que se rompa el vínculo de solidaridad. Pero ese único milímetro constituye ya un margen de honor y de confianza, y es más dilatado que mil leguas de afán soberano y de violencia.

Los que profesan el Estado amoral olvidan, a mi parecer (y aquí viene la respuesta a la pregunta anterior), aquel rasgo del pensar moderno que nos permite ver las cosas en su determinación antinómica, mitigando todo juicio definitivo con un "no obstante". El Estado es un ente que, dada la imperfección de las cosas humanas, se comportará necesariamente, al parecer, según normas que no son las de una moralidad social, fundamentada en la confianza, y menos aún en la fe cristiana. Pero, *no obstante*, nunca perderá de vista por completo la norma moral cristiana, ni la norma social, so pena de naufragar en las consecuencias de su propia negación.

Así cantaba la profetisa de los Eddas:

> *Tiempo de vientos, tiempo de lobos,*
> *antes de que el mundo fenezca,*
> *no habrá hombre que*
> *a su semejante respete.*

¡Pero no queremos perecer!

XV. HEROÍSMO

La orden de Nelson en Trafalgar no decía: "*England expects that every man will be a hero*" –"Inglaterra cuenta con que cada hombre sea un héroe". Decía: "*England expects that every man will do his duty*" –Inglaterra cuenta con que cada cual cumplirá con su deber". Esto bastaba en 1805. Y aun debiera bastar hoy. También le bastó a las víctimas de las Termópilas, cuyo epitafio, el más bello que jamás fue escrito, contenía estas sencillas, pero inmortales palabras: "Caminante, di a los lacedemonios que aquí yacemos, en obediencia a su mandato."

Los partidos políticos de hoy apelan a todas las ideas fuertes y a los nobles instintos de que dan fe Trafalgar y las Termópilas: disciplina, servicio, lealtad, obediencia, sacrificio. Pero no les basta ya el vocablo deber. Enarbolan la bandera del heroísmo. "El principio del fascismo es heroísmo; el de la burguesía es egoísmo." Así decían los carteles electorales que cubrían las paredes en Italia durante la primavera de 1934. Es sencillo y elocuente como una proporción algebraica. Es cosa hecha y artículo de fe. Siempre han necesitado los hombres, como apoyo y consuelo en la dura lucha de la vida y como explicación de la grandeza en sus acciones, la visión de una humanidad más alta, cuya fuerza y valor humanos sean elevados a superior potencia. El pensamiento mítico ponía la realización de semejante grandeza en la esfera de lo superhumano. Los héroes eran semidioses: como Hércules y Teseo. Todavía en la época más próspera de la Grecia antigua, el término de héroe se aplicó también a simples mortales: a los que caían por la patria, a los que mataban tiranos. Pero siempre se aplicaba a los ya difuntos. La esencia de la idea heroica era el culto de los muertos. El concepto de héroe se acercaba bastante al del bienaventurado. Sólo mucho después se aplicó también a los vivientes, aunque sólo en sentido retórico.

En el pensamiento cristiano, la idea de heroísmo hubo de palidecer ante la idea de santidad. El concepto de la vida entre los nobles feudales incluyó en la idea del caballero las funciones todas de lo heroico: el servicio noble unido al deber cristiano.

Con el Renacimiento desarróllase en el pensamiento europeo una nueva representación del hombre superior. Se van acentuando cada vez más las cualidades del espíritu y del comportamiento en el mundo. En el *virtuoso* o *uomo singolare* es el valor una virtud entre muchas; no es la abnegación carácter predominante, y el buen éxito constituye un rasgo principal. Baltasar Gracián da en el siglo XVII el nombre de heroica a una concepción de la energía personal que refleja todavía el renacimiento y anuncia ya a Stendhal. Pero en aquel mismo siglo la palabra *héros* en francés adopta un significado diferente. La tragedia francesa fija los rasgos de lo heroico en la figura del héroe trágico. Al mismo tiempo la política de Luis XIV da nacimiento a un culto de los héroes que tiene un carácter nacional y militar, añadiendo al motivo poético un acompañamiento de atabales y trompetas, con decoraciones pomposas e inscripciones rimbombantes.

En el siglo XVIII la imagen del gran hombre se desplaza nuevamente. Los héroes de Racine se han convertido en los de Voltaire, que viven sólo entre bastidores. El naciente pensamiento democrático encuentra la ilustración de su ideal en las antiguas figuras de la virtud cívica romana. El espíritu de la ilustración, la ciencia y la humanidad, halla la expresión de su ideal en el *genio*, que ostenta las facciones de lo heroico con un nuevo matiz muy diferente del *virtuoso* del Renacimiento. El acto de valor vehemente no está ya en el primer plano. Pero ahora el naciente romanticismo va descubriendo una nueva imagen del héroe que como valor espiritual habrá de superar pronto a las figuras griegas: el héroe germánico y céltico. Lo arcaico, lo vago y bravío, lo tétrico de estas imaginaciones ejercía singular encanto y sugestión en los espíritus, que se orientaban hacia el llamado "fondo primordial de la vida". Sigue siendo extraordinariamente notable el hecho de que el tono de la moderna fantasía heroica esté dado por la poesía de Osián, poesía falsa en su mayor parte y, sin embargo, de tan enorme importancia en la cultura moderna europea. El ideal del héroe fue, pues, poco a poco, fragmentándose más o menos en una forma teatral, otra histórico-política, otra filosófico-literaria y otra poético-fantástica.

Durante todo el siglo XIX la representación de lo heroico no ha sido considerada –sino en muy pequeñas proporciones– como término ejemplar ideal propuesto para la imitación. El "sed como éstos", que había dado el tono en el ideal caballeresco, iba valiendo cada vez menos, a medida que la imagen del héroe se convertía en producto de la profundización histórica en un pasado remoto. La imagen del héroe germánico fue proporcionada por los profesores, que hicieron accesibles la antigua poesía y la historia, sin tomar ellos mismos a Sigfrido y a Hagen como modelos para el perfeccionamiento de su vida. El espíritu del siglo XIX, tal como se expresa en el utilitarismo, la libertad civil y económica, la democracia y el liberalismo, era poco propenso a formular normas superhumanas. Así y todo sigue desarrollándose la idea de heroísmo; principalmente en una forma anglosajona.

Ya se había apaciguado la tempestad provocada por Byron, cuando tomó la pluma Emerson. El heroísmo de Emerson no significa sino en muy escasa medida una reacción contra el espíritu de su tiempo. Es un ideal culto, optimista, elegante, que hermana muy bien con conceptos de progreso y humanidad. Más oposición a su época manifiesta Carlyle; pero también en este escritor el énfasis de lo ético y de los valores culturales quita a la imagen del héroe los rasgos de la violencia y del empuje obstinado. Su culto de los héroes apenas si puede llamarse predicación violenta o erección de un culto. En el arte de vivir anglosajón –de Ruskin y Rosetti– cabía muy bien un ideal heroico, que a cierta distancia de las exigencias impuestas por la vida práctica se movía en esferas de alta cultura.

Jacob Burckhardt, que más que ninguno comprendió y rechazó las insuficiencias de su siglo, eludió muy notablemente en su concepción del hombre del Renacimiento los términos de heroico y heroísmo. Dibujó un nuevo cuadro de la grandeza humana, que añadió rasgos más apasionados al concepto del genio dado por el romanticismo. La admiración de Burckhardt por la fuerza vehemente de la acción y por el presuntuoso

empeño de trazar la propia dirección de la vida, era contraria a todo ideal
de democracia y liberalismo. Pero no la impuso a nadie como moral o programa político. Su actitud fue la del menosprecio altivo que un individua-
lista solitario oponía a la actitud pública de su tiempo. Con toda su veneración de lo enérgico, era Buckhardt un pensador demasiado estético para
crear un ideal moderno de heroísmo práctico. Era, además, demasiado crítico para ceder al elemento mítico-cultural, que va inquebrantablemente
unido al concepto de heroísmo. Al hablar de "la grandeza histórica" en sus
Consideraciones sobre la historia universal, siempre usa el término de "el
gran individuo", pero nunca emplea el término de héroe.

Sin embargo, hay un punto en que ha ayudado a preparar la concepción
moderna de este concepto. Al gran individuo otórgale Burckhardt, de
acuerdo con la imagen que proyectó del Renacimiento, una efectiva "dis-
pensa de la ley moral", sin interpretarla filosóficamente.

Nietzsche, que fue discípulo de Burckhardt, ha desarrollado sus ideas
acerca del supremo valor humano, tomando por punto de partida complicaciones espirituales muy diferentes de las que conociera el espíritu tranquilamente contemplativo de su maestro. Sobre la absoluta desesperación
del valor de la vida, Nietzsche llega a proclamar su ideal del héroe.
Encumbra a éste en una esfera, en donde el espíritu ha dejado muy atrás
todo lo que se llama orden del Estado y convivencia social. Es una idea del
profeta fantástico, buena para poetas y sabios, no para hombres políticos y
ministros.

Hay algo trágico en el hecho de que la degeneración del ideal heroico
haya tenido su punto de partida en el éxito superficial que gozó la filosofía
de Nietzsche cuando, hacia 1890, penetró en amplios círculos. La idea del
poeta-filósofo, nacida de la desesperación, se extravió en la calle, antes de
haber pasado por los vestíbulos del puro pensamiento. El estúpido ambiente que reinó a fines del siglo hablaba del *superhombre* como si se tratara de
su hermano mayor. Esta vulgarización prematura del pensamiento de
Nietzsche ha sido sin duda la que ha iniciado este modo de pensar que
ahora eleva el heroísmo a la categoría de lema y programa.

Con lo cual ha sufrido el concepto de héroe una inversión increíble, que
le roba su sentido más profundo. El galardón de héroe, aun cuando la retó-

rica lo haya otorgado a veces a vivientes, ha permanecido en realidad siempre reservado a los muertos; como el de santo. Era el premio que la gratitud de los vivientes concedía a los muertos. Los hombres no partían a la guerra para ser héroes, sino para cumplir con su deber.

Desde el advenimiento del despotismo popular, en sus diversas formas, el heroísmo se ha convertido en santo y seña. El heroísmo constituye un punto indispensable en los programas: más aún, pretende ser una nueva moral, precisamente cuando tantas y tantas personas creen ahora que no pueden usar la antigua o que no la necesitan. Sería locura negar sin más ni más el valor de este sentimiento. Pero es preciso aquilatarlo en su autenticidad y contenido.

El entusiasmo por lo heroico es la señal más elocuente de ese gran cambio de orientación que ha sufrido el espíritu actual al preferir la experiencia, la vivencia inmediata, en vez del conocimiento y la intelección, y que podríamos considerar como el núcleo de la crisis cultural. Sublimación del hecho en sí, oscurecimiento de la facultad crítica que sucumbe a los estímulos fuertes de la voluntad, obnubilación de las ideas por una especie de hermoso encanto, todo eso juega un papel en el nuevo culto del heroísmo, todo esto es un conjunto de determinaciones que, para quien profesa sinceramente una actitud antinoética en la vida, contienen la justificación del heroísmo.

No se puede negar el valor positivo de la actitud heroica, fomentada sistemáticamente por la autoridad, en pro del Estado. Si el heroísmo significa una conciencia personal exaltada de esa vocación humana que nos lleva a colaborar con todas nuestras fuerzas y hasta llegar al sacrificio en la realización de una faena colectiva, el heroísmo es una actitud que puede ser aprovechada en todo tiempo. En esto, sin duda alguna, el contenido poético, inherente al concepto de heroísmo, posee un alto valor. Da al individuo en plena actividad esa tensión, esa exaltación con las cuales se ejecutan los grandes hechos.

No cabe duda de que la técnica moderna, al mismo tiempo que aumenta la seguridad de los movimientos en la vida, hace subir considerablemente el nivel medio del valor humano. Horacio, que consideraba la navegación en barco como una temeraria provocación al cielo, ¡qué temores no habría sentido ante el aeroplano y el submarino! Paralelamente con las posibilidades ha aumentado también la buena voluntad para exponerse sin vacilación a intensos peligros. No cabe duda de que existe una relación entre el descubrimiento de la aviación y la difusión del ideal heroico. No es dudoso que el heroísmo se realiza en su máxima pureza allí precisamente donde menos se le menciona, en la labor diaria de los aviadores y los navegantes.

El heroísmo pasa de la raya. De tiempo en tiempo las cosas en este mundo tienen que pasar de la raya. Aquí llegamos otra vez a ese límite de los pensamientos, donde nuestro juicio recibe una determinación antinómica. Nadie puede desear que las cosas prosigan en todos los sentidos la existencia mediocre y defectuosa a que han llevado leyes imperfectas y costumbres aún más imperfectas. Sin la intervención del heroísmo no habría habido el concilio de Nicea, ni el destronamiento de los Merovingios, ni la conquista y organización de Inglaterra, ni la Reforma, ni la sublevación de Flandes contra España, ni la América libre. Lo que importa es *quién* interviene, *cómo* y *en nombre de qué*. Hablando en lenguaje médico: puede suceder que nuestro tiempo necesite remedios heroicos; pero es bueno que sean administrados con acierto por médico competente.

Pero esta metáfora nos recuerda al mismo tiempo otro aspecto del heroísmo. Si nuestro tiempo necesita de ese tónico es porque está débil. El encarecimiento del heroísmo constituye por sí mismo un fenómeno de crisis. Significa que los conceptos de servicio, quehacer, cumplimiento de deber, ya no poseen la potencialidad necesaria para actualizar la energía pública. Hay que reforzarlos como por medio de un altavoz.

Pero ¿por quién, para qué y cómo? El valor del heroísmo político se halla determinado por la pureza del fin y por la práctica de la conducta. Para que merezca asociarse al recuerdo de las Termópilas y de los Nibelungos, deberá ser el antípoda de todo lo que pueda llamarse excitación histérica, fanfarronería, orgullo bárbaro, habilidad, ostentación, vanidad, alarde; deberá ser el antípoda de la ilusión, de la exageración consciente, de la mentira y del engaño. No se olvide que la fuerza de la fórmula más pura del heroísmo, la del ideal caballeresco medieval, consistía precisamente en la restricción de los medios permitidos y en el código severísimo del honor.

Nuestra era del reclamo no conoce esa restricción de los medios. El reclamo sobrecarga toda idea con tantas sugestiones como pueda soportar. Impone sus lemas al público como verdades dogmáticas, colmadas de todos los sentimientos posibles de aversión y sublimación. El que tiene un lema que manejar –aunque sea sólo término político, como racismo, bolchevismo, etc.– tiene un palo para pegar al perro. La publicidad política vende al por mayor palos para pegar a perros, y excita en sus clientes un estado de delirio que les hace ver perros en todas partes.

El heroísmo de camisas coloreadas y brazos en alto no significa en realidad mucho más que un primitivo refuerzo del sentimiento colectivo. Ese conjunto de "nosotros y los nuestros", que se llama partido, ha monopolizado el supremo heroísmo, y lo otorga a quien le sirve. Mirados desde el punto de vista sociológico, tales refuerzos del sentimiento colectivo –sentimiento del "nosotros"– son de trascendental importancia. Se han practicado en todos los tiempos y en todos los pueblos, bajo la forma de ritos, danzas, gritos, cantos, signos distintivos, etc. Si fuera cierto que nuestro tiempo ha abandonado la necesidad de comprender y determinar lógicamente su propia conducta, entonces sería perfectamente natural que retrocediese a métodos primitivos para aunar las aspiraciones y los deseos.

Sin embargo, hay un peligro que siempre va unido a las consecuencias de la doctrina antinoética de la vida. El primado del vivir sobre el comprender obliga a abandonar no sólo las normas de la intelección, sino también las de la moral. Si la autoridad predica la violencia, entonces los violentos tienen la palabra. Nos habremos quitado el derecho a rechazarlos. Los violentos considerarán que el principio justifica el llegar hasta los mayores extremos de crueldad e inhumanidad. De muy buena gana se agruparán como ejecutores de las tareas heroicas aquellos elementos que encuentran en la violencia la satisfacción de sus instintos animales o patológicos. Una autoridad estrictamente militar quizás pudiera mantenerlos dentro de ciertos límites. Pero en el fanatismo de un movimiento popular, se convertirían indefectiblemente en los servidores del verdugo.

XVI. PUERILISMO

En una frase, cuya profundidad no cabe sondear con los medios de nuestro sistema conceptual, Platón ha denominado a los hombres juguetes de los dioses. Hoy se podría decir que los hombres usan muchas veces el mundo como juguete. Y aunque esta sentencia no llega hasta el mismo punto de hondura que la de Platón, sin embargo es algo más que un suspiro pasajero.

Puerilismo queremos denominar la actitud de una comunidad, que se conduce más puerilmente de lo que debiera consentirle el estado de su discernimiento y que, en vez de elevar al muchacho al nivel del hombre, adapta su conducta al nivel de la edad pueril. Nada tiene que ver este término con el infantilismo del psicoanálisis. Se basa en sencillas observaciones y comprobaciones histórico-culturales y sociológicas. No queremos ponerle en relación con hipótesis psicológicas.

Fácil sería allegar numerosos ejemplos de costumbres contemporáneas, en que se impone la calificación de puerilismo. El *Normandie* emprende su primer viaje y regresa de su travesía triunfal con cierta cinta azul. ¡Noble emulación de las naciones! ¡Portentosa capacidad de la técnica! Constructores de buques, compañías de navegación y especialistas de tráfico convienen en que todas las razones de la práctica son contrarias a estos buques gigantescos. En invierno no puede navegar el *Normandie*, porque no rendiría. Volvemos, pues, a la práctica de primeros tiempos medievales, cuando se navegaba sólo en la época veraniega. El lujo, repugnante por refinado que sea, constituye un escarnio para todo corazón de marino; y en tiempos más piadosos se hubiera llamado a esto una provocación del cielo. Pacientemente aguantan los pasajeros cuatro días de vibraciones. Nadie que sepa apreciar la cultura moderna querría o podría eludir las grandiosidad imponente de un *poder* como el que se ha exhibido aquí. En las dimensiones enormes se hace valer una belleza semejante a la de una pirámide. Belleza hay también en la refinada eficacia interior. Pero no fue un espíritu imbuido en sentimientos de eternidad o de majestad el que ordenó todo esto. Todo lo que el hombre ha logrado aquí, en calculado dominio sobre la Naturaleza, está puesto al servicio de un juego vano, que no tiene nada que ver con la cultura y la sabiduría, y que carece aún de los altos valores del juego mismo, puesto que pretende no ser juego.

Tomemos otro ejemplo de juego, que se supone asunto muy serio: ese incesante vuelco de ministerios, en conflicto rebuscado de intrigas partidistas, con el cual algunas grandes naciones hacen imposible una purificación y fortalecimiento efectivos de su gobierno, enmarañadas en las reglas de un parlamentarismo cuya verdadera índole no han comprendido nunca. O pensemos en el rebautizo de grandes ciudades antiguas con los nombres de personajes nacionales del día, muertos o vivos, como Gorki y Stalin.

Señalemos de paso ese espíritu de parada y desfile militar que se ha apoderado del mundo. Las naciones movilizan cientos y miles de hombres; no hay plaza que sea bastante grande para contener el país entero, formado en filas, como soldaditos de plomo. Y el espectador extranjero no puede eludir la sugestión. Esto parece grandeza, parece poder; es una niñería. Una forma vana crea la ilusión de un fin valioso. Quien sepa reflexionar comprende que nada de esto tiene valor alguno. Sólo revela la proximidad en que viven el heroísmo popular de camisas coloreadas y manos en alto y el puerilismo general.

Los Estados Unidos son el país donde mejor se puede observar el puerilismo nacional en todas sus formas; desde la inocente y aun agradable hasta la criminal. Pero tengamos cuidado de no convertirnos en demasiado regañones. Porque América *es* realmente más joven y juvenil que Europa; y muchas cosas que en Europa pudieran llamarse pueriles son en América ingenuas. Ahora bien, lo verdaderamente ingenuo se salva de todo puerilismo. El americano, sin embargo, ya no es ciego para los excesos de su juventud. Se ha regalado a sí mismo el famoso *Babbit*, de Sinclair Lewis.

El puerilismo se expresa de dos maneras: en actividades que parecen serias e importantes, pero que están completamente impregnadas de juego, como las ya citadas, y en actividades que se califican de juegos, pero que pierden las calidades del juego, por el modo como son efectuadas. A estas últimas pertenecen las aficiones y los juegos de sociedad o de ingenio, que adquieren la importancia de intereses internacionales, con congresos, rúbricas en los periódicos, especialistas profesionales, libros y teorías. No se pueden comparar con aquel síntoma tan claro, pero superficial, del puerilismo general, que los americanos llaman *crazes*, con su propagación mundial rapidísima, como los juegos de palabras cruzadas, hace algunos años.

Desde luego, no comprendemos el deporte moderno entre las mencionadas aficiones y juegos de sociedad. Es cierto que el ejercicio físico, la caza y los certámenes son, por excelencia, funciones de juventud en las sociedades humanas; pero aquí se trata de una juventud saludable y salvadora. Sin certámenes no hay cultura. El hecho de que nuestro tiempo haya encontrado en el deporte y sus certámenes una nueva forma internacional de satisfacer las antiguas grandes necesidades agonales es quizá uno de los elementos que más puedan contribuir a conservar la cultura. El deporte moderno es en gran parte un regalo hecho por Inglaterra al mundo; regalo que el mundo ha llegado a manejar bastante mejor que aquel otro regalo, también de Inglaterra, que es la forma de gobierno parlamentaria y la administración de la justicia por tribunales de jurados. El nuevo culto de la fuerza corporal, la destreza y el valor, para las mujeres y los hombres, tiene en sí mismo indudablemente considerable importancia como factor positivo de cultura. El deporte crea fuerza vital, afán de vivir, orden y armonía, todas cosas sumamente valiosas para la cultura.

Y, sin embargo, también en la vida de los deportes se ha insinuado el puerilismo actual de varias maneras. Surge el puerilismo cuando el certamen toma formas que reprimen por completo el interés en lo espiritual; como sucede en algunas universidades americanas. Insinúase cautelosamente en la organización excesiva de la vida deportiva misma y en la importancia exagerada que va tomando la rúbrica de deportes en los periódicos y revistas y que muchos consideran como su alimento espiritual. Se muestra en forma elocuentísima allí donde la buena fe del certamen tropieza con las pasiones nacionales u otras. El deporte posee en general la propiedad de reducir a segundo plano, por algunos momentos, incluso las más fuertes antipatías nacionales. Pero es sabido que a esa elevación por encima del amor a la propia gloria le falta a veces algo; por ejemplo, cuando el árbitro, por temor a tumultos públicos, no se atreve a decidir con independencia. Con la exasperación del sentimiento nacional aumenta la posibilidad de esa degeneración. No saber perder ha sido siempre considerado como niñería. Si la nación entera no sabe perder, ¿qué otra calificación merece?

Si en la cultura actual existe un alto grado de puerilismo, plantéase la cuestión de la diferencia que en esto pueda haber entre nuestro tiempo y los períodos anteriores de la civilización. Fácil sería demostrar que también las comunidades de tiempos pasados se condujeron continuamente, o a ratos, como menores de edad. Sin embargo, parece existir una diferencia entre la locura de entonces y la niñería de ahora.

En fases culturales más primitivas, una gran parte de la vida colectiva se verifica en el modo del juego; es decir, con restricciones provisionalmente prescritas de los comportamientos humanos, según normas voluntariamente aceptadas, y en forma cerrada. Una actuación estilizada sustituye durante algún tiempo la persecución directa de la utilidad o la satisfacción. Si se trata de un juego sagrado, entonces esa actividad se convierte en culto o rito; y aunque se trate de ritos y combates sangrientos, la acción no deja de ser un juego. Acontece en un espacio acotado provisionalmente: lugar sagrado, plaza de los combates, terreno de las fiestas. Dentro de ese lugar queda en suspenso por un tiempo la "vida ordinaria". Se olvida la realidad existente allende el espacio de recreo, y la gente se entrega a la común ilusión prescindiendo del juicio libre. Todos estos rasgos siguen estando perfectamente representados aún hoy en todo juego auténtico, ya sea juego de niños, certamen deportivo o función de teatro.

La característica esencial de todo verdadero juego –culto, representación, combate o fiesta– es que llega un momento en que se acaba. Los espectadores se van a sus casas; los jugadores se quitan las máscaras; el juego ha terminado. Y aquí es donde aparece la dolencia de nuestro tiempo: que su juego en muchos casos *no termina nunca*, y, por consiguiente, deja de ser juego. Se ha verificado una confusión entre el juego y el acto serio. Ambas esferas se han unido, se han contaminado. En las actitudes que se afirman como serias escóndese un elemento de juego. Y al contrario; el juego reconocido como tal juego no puede ya conservar su auténtico carácter de juego, por la excesiva organización técnica y porque la gente lo toma demasiado en serio. Pierde las cualidades imprescindibles de recogimiento, desembarazo y alegría.

Algo de esa contaminación encontramos siempre en toda cultura, por mucho que volvamos la vista hacia atrás. La esencia de la antítesis entre el juego y el acto serio se pierde en las tinieblas de la psicología animal. Pero es dudoso privilegio de la civilización occidental moderna el haber cultivado hasta su más alto grado esa mezcla de ambas esferas vitales. En muchas personas, cultas e incultas, perdura la actitud infantil del juego frente a la vida. Ya hemos hablado, en el curso de este libro, de un estado de espíritu común, que podría denominarse pubertad permanente. Este estado se caracteriza por los defectos siguientes: falta el sentimiento de lo correcto y de lo incorrecto; falta la dignidad personal, el respeto a los demás, el acatamiento de opiniones ajenas; existe, en cambio, una concentración excesiva de la propia personalidad. La debilitación general del juicio y a creciente indiferencia crítica constituyen la base de ese estado que describimos. La masa se siente muy cómodamente instalada en una semivoluntaria insensatez, que puede llegar a ser peligrosísima, porque relaja los frenos de las convicciones morales.

Pero hay además un hecho curioso e inquietante. La formación de ese estado de espíritu no es fomentada solamente por la debilidad del juicio personal, ni por la acción niveladora de la organización colectiva, que ofrece ya hechas toda una serie de opiniones y distracciones superficiales. También el portentoso adelanto de la técnica favorece ese estado de espíritu, al que proporciona abundante alimento. Es hombre se encuentra dentro de un mundo maravilloso, exactamente como un niño; es más, como un niño de cuento de hadas. Puede viajar en aeroplano, hablar con el otro hemisferio, extraer golosinas de un cajón automático, meter en su casa la voz radiada de otros continentes. Basta apretar un botón para que la vida venga hacia él. Y esa vida que se ofrece tan fácilmente, ¿le dará cordura? Al contrario. El mundo se ha convertido en un juguete para el hombre. ¿Podemos extrañarnos de que el hombre se conduzca como un niño?

Al hablar de la confusión entre el juego y el acto serio en la vida actual, llegamos a profundidades que es imposible analizar aquí radicalmente. Por una parte el fenómeno se presenta como la tendencia a no tomar en serio ni el trabajo, ni el deber, ni el destino. Por otra parte, la vida actual otorga grave seriedad a ocupaciones que bien consideradas debieran calificarse de fútiles e infantiles, y trata asuntos de verdadera importancia con los instintos y los gestos del juego. No son pocos los discursos políticos de figuras eminentes que merecen la calificación de travesuras perversas.

Valdría la pena de estudiar cómo en los diversos idiomas los términos tomados del juego pasan sin cesar a la esfera de lo serio. Sobre todo en América, el idioma se presta mucho a esa investigación. "El periodista llama a su profesión *the news paper game*, "el juego periodístico". El hombre político que, aun siendo honrado, tiene que navegar por las aguas de la corrupción, alega como excusa que *he had to play the game*, "está obligado a jugar el juego". Para suplicar al funcionario de aduanas que cierre los ojos a una infracción de la ley de Prohibición, se le dicen las palabras: *be a good sport*, "sé un buen jugador". Se advierte con claridad que aquí se trata de algo mucho más importante que una cuestión de idioma. Hay una desviación cuyas consecuencias son muy graves en el orden moral-psicológico. H. G. Wells ha descrito en una de sus novelas el profundo arraigo que tiene entre los irlandeses el sentimiento del *fun*, de lo divertido; este sentimiento ha llegado a manifestarse incluso en sublevaciones en pro de la independencia.

Esa actitud de la vida y del espíritu, en donde se mezclan la seriedad y el juego, se refleja en la palabra característica: *slogan*. El antiguo vocablo irlando-escocés para llamar a la batalla y reunir los clanes tenía entre los americanos, en un pasado reciente, otro sentido (el Diccionario de Murray no lo menciona todavía): el de una máxima o lema político de época electoral. Un *slogan* es algo así como un dictamen de partido; y el que lo emplea sabe muy bien que no es del todo verdadero y que se emplea para afianzar el éxito del partido. Es una figura de juego.

Los anglosajones, además de tener el instinto del juego muy desarrollado, poseen el privilegio de poder seguir observando los elementos del *fun* –diversión– y *game* –juego franco– en sus acciones; lo cual no es dado a todos los pueblos. Tanto a los latinos como a los eslavos y a los germanos del continente les falta a veces esta capacidad. ¿Qué es, después de todo, el grito de *Blut und Boden* –sangre y suelo–, sino un *slogan*, un lema que, mediante una metáfora sugestiva, oculta a la atención los defectos de su fundamentación lógica y los peligros de su aplicación práctica? Y el *slogan* que no es reconocido como tal, sino adoptado incluso en el vocabulario oficial y científico, resulta, desde luego, doblemente peligroso.

El *slogan* pertenece a la esfera del reclamo comercial o político. Toda propaganda es *slogan*, sobre todo si está organizada oficialmente. El reclamo, producto hipertrófico de los tiempos modernos, tiene su base en esa actitud semiseria, que caracteriza las culturas avanzadas. Se puede considerar quizás como un síntoma de senilismo. Y, sin embargo, la palabra más adecuada es puerilismo.

Esta actitud que, por lo general, se sustenta en la confusión entre el juego y el acto serio, explica el íntimo contacto entre el heroísmo y el puerilismo. Tan pronto como el lema contiene una invitación al heroísmo, iníciase el gran juego. Podría ser un juego noble, si permaneciese en la esfera de las luchas entre efebos y de los certámenes olímpicos. Pero mientras siga jugándose en la acción política, en el desfile y adiestramiento del pueblo, en los estruendos oratorios, en los artículos periodísticos dictados por el poder y conserve el matiz de grave seriedad, no será realmente más que puerilismo.

Para una filosofía de la vida o del Estado, que considere los juicios de la razón como manifestaciones de la existencia y del interés, toda esa esfera del puerilismo moderno, con sus *slogans*, desfiles y certámenes absurdos, constituye un elemento en el cual medra estupendamente. En ese elemento puede desarrollarse también con exuberancia el poder, al que dicha filosofía sirve. A la filosofía de la existencia no le preocupa que el instinto de masas, sobre el cual especula, no tenga el carácter de pura opinión. No quiere opinión pura, que es un resultado del espíritu cognoscitivo. ¿Qué le importa que con la renuncia al juicio, el sentimiento de la responsabilidad quede reducido al sentimiento confuso de estar vinculado a una causa que pretende imponer su derecho?

La confusión entre el juego y el acto serio constituye el fondo de todo cuanto concebimos aquí bajo el nombre de puerilismo. Es, entre todos los síntomas del mal que padecen los tiempos modernos, sin duda uno de los más importantes. Queda por averiguar hasta qué punto el puerilismo está relacionado con este otro rasgo de la vida moderna: el culto de la juventud. No debemos confundirlos ni un momento. El puerilismo no conoce edades; lo mismo ataca a los viejos que a los jóvenes. El culto de la juventud, que al pronto parece síntoma de fuerza fresca, puede ser también considerado como síntoma de senilidad, como abdicación en favor de un heredero menor de edad. La mayoría de las culturas florecientes han amado a la juventud y la han reverenciado; pero no la han mimado ni festejado, y siempre han exigido de ella obediencia y respeto para con los mayores. Esos movimientos –ya desaparecidos– que se llamaron futurismo, eran típicamente decadentes y pueriles; pero no se puede decir que de ello tuviera la culpa la juventud.

XVII. Supersticiones

Cierto recrudecimiento de la superstición encaja perfectamente en una época propensa a abandonar a la voluntad de la vida las normas del conocimiento y del juicio. Cautivadora y estimulante siempre, la superstición tiene además la particularidad de ponerse de *moda*, una y otra vez, en los tiempos de grandes confusiones y trastornos espirituales. A veces adquiere cierto tono distinguido. Cautiva por modo agradable nuestra fantasía y nos consuela de la limitación de nuestro conocimiento e intelección.

No vamos a escribir aquí un tratado sobre todas las formas de la superstición moderna. Sólo dos consignaremos. Es la primera la de esas representaciones supersticiosas que sólo pocas personas saben esquivar enteramente y que se refieren a la aprensión por el destino. Esta aprensión innata tiene profundo arraigo en el alma del hombre. Quizá pudiera llamársele una religión disfrazada. ¡Cuántas personas hay que "conjuran" el mal tocando madera! Creen conscientemente no atribuir al acto la menor importancia. En esta representación supersticiosa del destino se basa el hecho de que todo nuevo peligro traiga consigo su propia forma de superstición. Cuando el automóvil era todavía considerado como artefacto poco seguro, veíanse con frecuencia mascotas colgadas en la ventanilla de atrás. Hoy ya se ven menos. En cambio, se exige –o se exigía hasta hace poco– a los aviadores de una de las más afamadas líneas aéreas del mundo no sólo el examen, el reconocimiento y la experiencia, sino también la presentación de su horóscopo. Desde luego se comprende muy bien que la aviación, cuyos peligros son mayores, sienta la necesidad imperiosa de una suerte de seguro psíquico. No deja de ser, empero, digno de consideración el hecho de que una importante corporación oficial reconozca la astrología nuevamente resucitada. La superstición con pretensiones científicas engendra confusiones de ideas mucho más graves que la que se reduce a sencillas prácticas populares. El horóscopo se considera por algunos como un dato exacto. En realidad, aun admitiendo que tenga sentido, no sería éste mucho más exacto que las señas personales de un pasaporte.

Pero la forma más difundida y funesta de la superstición moderna no consiste ni en admitir irreflexivamente relaciones misteriosas, ni en apelar a una seudociencia. Hállase enteramente situada en la esfera del puro pensamiento racional y de la confianza en la verdadera ciencia y en la técnica. Me refiero a la fe en la eficacia de la guerra moderna y sus medios.

Sin duda, durante mucho tiempo tuvo la guerra un grado bastante elevado de eficacia. El imperio oriental que en la remota antigüedad exterminaba a sus enemigos, no tenía por qué temer que a la larga ese sistema convirtiera el Asia anterior en un yermo desierto. También en la historia europea cabe señalar buen número de guerras defensivas y algunas ofensivas que tuvieron indiscutible eficacia. En su mayoría, sin embargo, no puede aplicárseles fácilmente el calificativo de eficaces. Pensad en la guerra de los cien años, en las guerras de Luis XIV, en las guerras napoleónicas, cuya eficacia fue suprimida por Leipzig y Waterloo. En casi todos los casos, la eficacia de una guerra se limita al resultado inmediato. Bien mirado, el resultado de las acciones bélicas no es siempre la paz y la seguridad, que tuvieron acaso por objetivo, sino el agotamiento.

A medida que los pertrechos de guerra se multiplican y que los países capaces de guerrear se hallan más reducidos en su existencia al pacífico trato mutuo, disminuye la eficacia de la guerra. La transición de los ejércitos alquilados a la recluta por quintas y servicio militar obligatorio, representa un paso enorme hacia la ineficacia. Pues, de esa manera, el sacrificio de savia popular aumenta hasta lo infinito. El arma de fuego plantea el caso de diferente manera. Puede decirse que el arma de fuego ha aumentado la eficacia de la guerra desde su aparición hasta fines del siglo XIX. Pero desde este punto de vista disminuye dicha eficacia rápidamente por la acción cada vez más destructora de los explosivos. Pues la cuenta final del aniquilamiento llega a ser tan grande que suprime, tanto para el vencedor como para el vencido, todo efecto útil. Y no sólo esto, sino que, además, en la campaña militar misma, si las fuerzas son sensiblemente iguales por ambos lados, las pérdidas y sacrificios exceden al resultado inmediato. Un aparato de guerra tiene cierta eficacia mientras no lo posee el enemigo; pero ni un momento más. Esto mismo que decimos de los explosivos vale para todas las maravillas que las construcciones de hormigón, la técnica submarina, la aviación y las instalaciones radiográficas han significado para la guerra. Los éxitos que logran no son sino sombras de éxito; su importancia es sólo inmediata y, por lo general, no tienen importancia alguna. ¡Qué fueron los enormes cruceros de la gran guerra sino amuletos colgados del cuello de la Gran Bretaña! ¿Para qué sirvió tanto heroísmo, tanta vida joven, y también tanta violación del Derecho y tanta crueldad de la guerra submarina sino para prolongar la pelea?

El mundo ya no soporta la guerra moderna. La guerra moderna no puede traer más que mutilación y destrozo; pero no la paz. El espíritu de los pueblos se halla en la guerra tan completamente movilizado y al mismo tiempo tan envenenado, que toda guerra tiene que arrastrar forzosamente una cantidad enorme de odios. Las conclusiones finales de la gran guerra pudieron ser dictadas por los vencedores aproximadamente. Toda la sabiduría de los hombres políticos se había reunido. ¿Y qué resultado obtuvieron? Duras amputaciones, nuevas complicaciones, más insolubles que nunca y, para el porvenir, un enorme fardo de miseria y el retorno al salvajismo. Harto fácil es criticar la estupidez de Versalles. Pero la victoria del otro lado, ¿habría producido hombres más cuerdos y actos más sensatos?

Todo acaba en sembrar vientos. Aprovechando las supremas realizaciones de la ciencia y de la técnica y agotando todos sus recursos, construyese un ejército, una armada, una flota aérea, y, al mismo tiempo, se espera ardientemente (al menos la mayoría lo espera) no tener que usarlos. Esto es, expresado en términos de pura eficacia, fabricar hierro viejo.

La confianza continuada en la eficacia de la guerra no es más que una superstición, en el sentido más literal de la palabra; una supervivencia de períodos pretéritos de civilización. ¿Cómo es posible que un hombre como Oswald Spengler, en sus *Años decisivos*, siga fantaseando sobre esta superstición? Esos Césares modernos, con su falange heroica de soldados profesionales, representan una ilusión romántica inagotable. ¡Como si el mundo moderno pudiera limitarse –la necesidad obligándole a ello– en el uso de todos sus medios y fuerzas!

Recuerdo haber visto en las cercas y las casas, a la entrada de una pequeña aldea china, unas tiras de papel rojo con máximas destinadas a atajar las calamidades de toda clase. Sin duda alguna, los habitantes consiguen de ese modo un sentimiento de seguridad. ¿Y qué cosa es la seguridad sino un sentimiento? El método chino de las tiras de papel es práctico y barato. ¡Cuánto más eficaz que los millones que nosotros gastamos, sin conseguir por ello el sentimiento de la seguridad! ¿Por qué llamar a lo uno superstición y a lo otro sentido político?

No se entienda lo que llevo dicho como una defensa del desarme unilateral. Aquí se arguye solamente que la confianza en medios, cuya insuficiencia es clara como la luz del día, no merece otro nombre que el de superstición. Necio es el mundo que vive con tal fe. Aquí viene bien la imagen del prado: un prado en donde los pueblos están juntos, pastando pacíficamente o devorándose unos a otros.

XVIII. LA EXPRESIÓN ESTÉTICA EN SU ALEJAMIENTO DE LA RAZÓN Y DE LA NATURALEZA

Iniciamos la larga serie de los síntomas de crisis con el pensamiento científico, que parece adelantarse a la razón y a la imaginación, encontrando su medio de expresión en la mera fórmula matemática. Para terminar, vamos a estudiar el arte. También el arte se aleja progresivamente de la razón desde hace medio siglo. ¿Lleva la misma marcha que la ciencia?

A la poesía de todos los tiempos siempre fue unido un elemento de coherencia racional, incluso cuando se elevaba al más sublime arrebato. Aunque su esencia misma sea la belleza en la imaginación, exprésala mediante la palabra, es decir, como pensamiento; pues también la imagen sugerida por una palabra es pensamiento. Los medios lógicos del idioma constituyen el instrumento del poeta. Por mucho que la imaginación se encumbre, el cañamazo del poema sigue siendo un pensamiento lógicamente expresado. Ni los himnos védicos, ni Píndaro, ni Dante, ni la poesía mística más profunda, ni el cancionero amoroso más entrañable, carecen de esquema lógico y gramaticalmente analizable. La misma vaguedad de la poesía china no suprime, si la entiendo bien, esta coherencia.

Hay épocas en que el contenido racional de la poesía es particularmente elevado. Una de ellas es el siglo XVII en Francia. En este respecto podemos considerar a Racine como la cima de una curva. Si tomamos los clásicos franceses como punto de partida para seguir la línea de la relación entre la poesía y la razón, vemos que esta relación varía poco hasta muy entrado el siglo XVIII. Luego surge el Romanticismo. Con el nuevo entusiasmo violento inician su entrada fuertes oscilaciones. El coeficiente de lo irracional y lo antirracional viene en aumento. No obstante, la forma de expresión de la poesía sigue en lo sustancial determinada racionalmente durante gran parte del siglo XIX; es decir, que incluso quien no sienta la poesía, consigue, merced a sus conocimientos del idioma y del sistema conceptual, entender, al menos, el contenido gramatical del poema. Sólo a fines del siglo XIX se nota que la poesía va abandonando conscientemente, cada vez más, la relación racional. Los grandes poetas sustraen su poesía al criterio de la inteligibilidad lógica. No se trata aquí de dilucidar si el progresivo alejamiento de la razón significa o no, para la poesía, elevación y ennoblecimiento. Muy posible es que la poesía cumpla en un grado mucho más alto que antes esa función suya más sustancial: la aproximación a la esencia de las cosas por el espíritu. Aquí sólo hacemos constar este hecho: que la poesía se mueve apartándose de la razón. Para el que no siente la poesía, Rilke o Paul Valéry, son inaccesibles en grado mucho más alto que Goethe o Byron.

A este movimiento de la poesía desprendiéndose de la razón corresponde en el arte plástico una fase en que este arte se aparta de las formas más visibles de la realidad. El *ars imitatur naturam* ha sido, desde su formulación por Aristóteles, dogma inquebrantable durante muchos siglos. Ni la creación de formas estilizadas, ni el tratamiento ornamental o monumental de las figuras, suprimieron nunca el principio, aunque a veces parecieron estorbarlo. Por lo demás, la máxima no recomendaba en modo alguno la copia de lo naturalmente observado. Su tendencia alcanzaba a términos mucho más lejanos: el arte imita a la naturaleza, hace lo que hace la naturaleza o, en otras palabras, crea formas. Sin embargo, la reproducción perfecta de la realidad visible continuó siempre siendo un ideal perseguido con respeto. La sumisión a la naturaleza significaba para la expresión plástica, en cierto sentido, lo mismo que la sujeción a la razón, en cuanto que ésta constituye el órgano con el cual el hombre interpreta su ambiente y lo hace traslúcido. No es un azar que en ese mismo siglo, que representa cierto máximo de coherencia entre la razón y la poesía, el arte se acerque a la naturaleza en un grado extremo, que entre los holandeses encontró su mejor expresión.

En el siglo XVIII, la línea del realismo plástico camina poco más o menos paralela a la de la racionalidad poética. Los grandes cambios que introduce el Romanticismo son sólo aparentes. Porque el haber transferido el tema de la realidad diaria a las esferas de lo fantástico no significa en modo alguno que se haya abandonado la realidad visible como cantera de las formas. Delacroix y los prerrafaelistas siguen expresando sus imaginaciones en las figuras del realismo plástico; es decir, reproduciendo cosas observables en la realidad visible. Tampoco el impresionismo abandona la aproximación a las formas que los ojos ven y el espíritu conoce. Es tan sólo un método diferente para lograr los efectos, aunque ya el impresionismo contenga menos apego al inventario de la realidad. Ni tampoco abandona el viejo camino la nueva necesidad de estilización y de monumentalidad.

Consúmase, empero, la separación cuando el artista procura crear formas que no se observan en la realidad visible de la vida práctica. Puede ser que todavía se tomen de la naturaleza las figuras aisladas; pero apáreanse éstas de tal manera, que el conjunto ya no corresponde a una experiencia de la realidad filtrada por la lógica. Como iniciador de esta fase del arte puede considerarse, a mi parecer, principalmente, a Odilon Redon. Ya Goya ostenta fuertes rasgos que indican una tendencia en esta dirección. Por de pronto, los elementos de forma así expresados podrían llamarse valores soñados. El genio de Goya supo expresar en el idioma de las formas naturales incluso lo invisible. Los que vinieron después de Goya ya no pudieron o no quisieron hacerlo.

La línea que une a Goya con Odilon Redon toca en su camino a figuras como Kandinsky y Mondrian, que abandonan en absoluto el objeto natural, la cosa con forma, como imagen que hay que formar. Su arte abandona toda conexión con los medios ordinarios de la facultad cognoscitiva humana. El concepto de imagen pierde, pues, su sentido.

Por falta de conocimientos técnicos debo abstenerme de decidir si la línea que conduce desde Wagner a la música atonal representa una tercera evolución de la cultura, similar y paralela a los dos fenómenos estudiados.

Es imposible desconocer la afinidad que existe entre la situación del arte y la del pensamiento científico, anteriormente estudiado. Hemos visto cómo el pensamiento científico se sitúa en los límites de lo cognoscible. La poesía y el arte plástico, que son por igual funciones del espíritu y que representan por igual modos de comprender la existencia, parecen asimismo cernerse con cierta preferencia en los límites de lo cognoscible o aun más allá de estos límites. Lo ineludible, que resultó, sin duda, un distintivo inherente al proceso científico, parece también aplicable a la expresión estética. Ambos fenómenos juntos construyen, por decirlo así, el marco en que se sitúa el proceso todo del cambio espiritual.

Sin embargo, si observamos los detalles, encontraremos una diferencia radical entre los dos fenómenos, Esa orientación, que rebasa los límites, se polariza en sentidos opuestos para la ciencia y para el arte.

En la ciencia, el espíritu, obedeciendo a un mandato absoluto y por completo supeditado a los dictados de la observación y de la inteligencia, juntamente con la exigencia de extremada exactitud, camina por alturas y profundidades, ante las cuales siente vértigo. Su progreso es de una *necesidad* absoluta. La senda está marcada. Seguirla es un servicio que ha asumido de buena gana. El espíritu sirve a un amo que se llama *verdad*.

En el arte no hay mandatos que procedan del exterior. No existe el deber de la exactitud. El sendero del arte ha conducido a muchos de sus servidores a abandonar totalmente las normas de la observación y del pensamiento. Muchos artistas buscan la entrega a sensaciones y emociones toscas, que constituyen la materia para la concepción estética. La intelección estética (porque sigue siendo una intelección), en su alejamiento progresivo de la lógica, se ha tornado cada vez más vaga. El poeta, para distribuir su contenido espiritual, sacude en el espacio fragmentos de frases, que en su mutuo contacto adquieren un significado absurdo.

En el arte no hay obligaciones. Ninguna disciplina del espíritu impera en el arte. Su impulso creador es un *querer*. Esto revela el hecho sustancial de que el arte, mucho más que la ciencia, se acerca a la actual filosofía de la vida. Abandona el conocer por el existir. Cree verdadera y sinceramente que representa la vida misma fuera de todo conocimiento. (Como si esa interpretación y su expresión no fueran actos de conocimiento.)

El arte es una aspiración. Nuestro tiempo superconsciente pide un nombre para esa aspiración. Recientes tendencias del arte se han denominado a sí mismas *expresionismo* o *surrealismo* (prescindiendo de nombres sin sentido, tales como *dadaísmo*). Ambos términos significan que el repro-

ducir sencillamente la realidad visible (aunque sea visible sólo para la imaginación) no le basta al artista. Pero todo arte es siempre una expresión.
Entonces, ¿a que viene eso de expresionismo? Como no sea que se entienda la palabra sencillamente como una protesta contra el impresionismo, ha
de significar, sin duda, que el artista quiere reproducir (siempre hay reproducción) el objeto de su creación (porque también siempre hay tal objeto)
en su esencia más profunda, despojado de todo lo que se desvíe de ella o
sea nocivo a su sensación. Por ejemplo, si el objeto se llama costurero, o
mesa de desayuno, o paisaje, entonces el expresionista desechará la representación por reproducción natural, que constituiría el modo más sensato
de transferir la concepción en sí. El expresionista pretende dar algo más,
algo que está detrás de la realidad visible: la esencia misma del objeto. Lo
llama idea de la expresión o su vida. No está permitido que el modo de la
representación corresponda a las categorías de nuestras representaciones
corrientes. Porque el postulado es: expresar algo a lo cual el pensamiento
no puede aproximarse.

Aquí, la actitud creadora del artista se acerca en muchos respectos a la de
la actual filosofía de la vida. Ambas quieren "la vida misma". Lo que sigue
está tomado de una crítica sobre el trabajo del dibujante Chagall.

"Lo sé: para muchos, el arte de Chagall es un problema. Pero en esencia
no es nada problemático. Es un arte que brota inmediatamente de un
asombro y de una entrega al mito de la vida; sin reflexión, sin intervención
del intelecto. Posee un fondo de sentimiento religioso. Su frente es el
corazón, si se quiere; o la sangre, o el misterio de la vida misma. Es problemático tan sólo para quienes no pueden pasarse sin un problema estético, o para quienes desean pensar en aquello que ven. Pero este arte des-
carta el pensamiento. Cabe preguntar: ¿por qué esto se ha hecho así y aquello de ese otro modo? A esta pregunta hay que dar la callada por respuesta, porque no cabe contestar. Nos hallamos ante un misterio o también una
mística del arte, un arte con una potencia mágica que comunica algo, no al
entendimiento, sino a todo aquello para lo cual sólo disponemos de pobres
conceptos. Es imposible discutir sobre la entrega devota a la vida. Aquí
sólo hay dos posibilidades: entregarse o no."

Una vez aceptado el punto de vista y pasadas por alto las deficiencias de la argumentación, puede considerarse esta página como un programa perfectamente claro. El crítico se halla aquí totalmente de acuerdo con la llamada filosofía de la vida.

¿Es que se considera como fuente de vigor para el arte esa concordancia con una filosofía aceptada hoy por muchos? Cabe dudarlo. Porque precisamente la primacía de la voluntad, la pretensión clamorosa a una libertad absoluta, el abandono de todo vínculo con la razón y la naturaleza son los resortes que empujan el arte a todos los excesos y degeneraciones. Además, el constante afán de originalidad –que es uno de los males del tiempo moderno– hace el arte, mucho más que la ciencia, accesible a los influjos sociales corruptivos procedentes del exterior. El arte no sólo carece de la disciplina, sino también del aislamiento imprescindible. En la producción artística, la tendencia a obtener del espíritu los mayores rendimientos –otro mal de la vida moderna–, desempeña un papel mucho más importante que en la ciencia. En una sociedad donde reina la competición, impónese a los productores la necesidad de sobrepujarse continuamente unos a otros en el uso de los medios técnicos, ya sea por afán de reclamo o por mera vanidad. Esta competencia ha conducido al arte a los más tristes extremos de insensatez que, desde hace unos diez años, se presentan como expresión de ideas: poemas compuestos solamente de sonidos naturales o de signos matemáticos u otros semejantes. Se comprende cuán fácil es que el arte incurra en puerilismo. Por otra parte, es éste un peligro al cual a ciencia no está completamente inmune. Eso de *épater le bourgeois* no se limita ya, desgraciadamente, al alegre slogan de una juventud bohemia. Como aforismo le disputa la supremacía al antiguo *ars imitatur naturam*. En grado mucho más alto que la ciencia, el arte se halla expuesto a la mecanización y la moda. Por todo el orbe distribuyen los pintores esas mesitas con bodegones en ángulo de 30°, y esos trabajadores atacados todos de crecimiento morboso en las extremidades, recubiertas por tubos de chimenea a guisa de pantalón.

Que el arte depende, más que la ciencia, de la libre voluntad, es cosa que se manifiesta en el diferente uso que ambas grandes funciones culturales hacen del sufijo *ismo*. En el pensar científico el uso de vocablos terminados en *ismo* se limita primariamente al terreno filosófico. Monismo, vitalismo, idealismo, son términos que indican un punto de vista general, una concepción de la vida, desde la cual se inicia el trabajo. Estos aspectos tienen escaso influjo en el método de la investigación y adquisición de los resultados. La producción científica prosigue sin predominio de este o aquel *ismo*. Los *ismos* no empiezan hasta que se trata de reducir el conocimiento a un principio filosófico o a un fundamento que lo armonice con cierta concepción del universo.

En el arte, la situación es distinta. En el arte y en la literatura, como también en la ciencia, han estado siempre a la orden del día tendencias más o menos rebuscadas y conscientes, que han sido bautizadas con nombres varios, tales como manierismo, marinismo, gongorismo, etc. En las épocas anteriores, los artistas mismos no bautizaban sus tendencias artísticas con denominaciones distintivas. Los períodos más florecientes del arte no sabían nada de esos *ismos*. Moderno por excelencia es el fenómeno de que el arte proclame primero una tendencia, bautizándola con un *ismo*, y luego procure hacer la correspondiente obra de arte. Estos *ismos* no se asemejan en nada al monismo, etc., en la filosofía y la ciencia. Porque en el arte, el profesar tales *ismos* ejerce un influjo inmediato y profundo en el modo de la producción misma. Con otras palabras: en el arte, contrariamente a lo que sucede en la ciencia, hay, hasta cierto punto, una previa determinación de la voluntad: así queremos hacerlo.

En otro aspecto, sin embargo, puede observarse una semejanza entre la producción estética y la lógico-crítica, semejanza que fácilmente escapa a la atención, ahogada por los clamores de los *ismos*. También en el arte prosigue tranquila una gran corriente de labor seria, trabajo de pura inspiración, bajo el movimiento somero de las tendencias y de la moda, sin desvío caprichoso hacia cauces superficiales.

XIX. Pérdida del estilo e irracionalizacion

Nuestra generación, que es sensible a la observación estética, puede percibir más fácilmente el advenimiento y progreso de los fenómenos que han conducido nuestra cultura a una crisis en el arte y la literatura. La imagen total del proceso se ofrece con claridad meridiana en el desarrollo estético. Aquí nos hacemos mejor cargo de la unidad en el desenvolvimiento; vemos cuán remotos son los orígenes de la crisis actual y comprendemos cómo su aparición comprende dos siglos en la historia de la cultura europea.

Desde este punto de vista, el proceso se manifiesta en la pérdida del estilo. La magnífica historia de Occidente, tan rico de formas, se nos aparece como una sensación de estilos, a los cuales damos sus nombres de escuela: románico, gótico, renacimiento, barroco. Todos estos nombres son, en primera instancia, designaciones para ciertas formas de capacidad plástica. Pero el sentido rebasa los vasos de las palabras. Con esos vocablos comprendemos también la vida del pensamiento y aun la estructura toda de aquellos tiempos. Cada siglo o período posee para nosotros su distintivo estético, con su nombre significativo. El siglo XVIII es el último que se nos ofrece como la realización homogénea y armónica de un propio estilo en todos los órdenes, como unitaria manifestación de la vida en la riqueza y enorme variedad de las formas.

Esto ya no sucede en el siglo XIX. Y no porque todavía estemos muy cerca de él. De sobra sabemos que el siglo XIX ya no tuvo estilo propio; a lo sumo un segundo florecimiento débil. Su característica es la falta de estilo, la mezcla de los estilos, la imitación de los estilos antiguos. Este proceso, que llamamos pérdida del estilo, se inicia ya en el siglo XVIII. El juego de este siglo con lo exótico y lo histórico anuncia ya la propensión a la imitación. El estilo imperio ha perdido ya la cualidad de un estilo propio.

Esta pérdida del estilo propio constituye el vértice de todo el problema cultural. Porque lo que se revela en las artes plásticas y literarias no es sino la parte más visible del cambio que se verifica en el rumbo de la cultura toda.

No pienso ni por un momento en considerar esta pérdida del estilo sin más ni más como corrupción y decadencia. En un proceso único la cultura moderna sube a las cimas más altas y desenvuelve los gérmenes de su probable decadencia.

Hacia la mitad del siglo XVIII iníciase el gran cambio de orientación en los espíritus, que se desvían de lo desapasionadamente racional para adentrarse en los fondos oscuros de la existencia. La mirada se fija en lo inmediato, lo personal, lo originario, lo propio, lo verdadero, lo espontáneo, lo inconsciente, lo instintivo, lo salvaje. El sentimiento y la fantasía, el éxtasis y el ensueño vuelven a ocupar su lugar en vida y expresión. A este ahondamiento más radical en la existencia debemos eso que se puede llamar romanticismo, si se quiere: Goethe y Beethoven, y un florecimiento nuevo de las ciencias culturales: historia, lingüística, etnología, etc.

Pero en este retorno hacia la vida misma hallábanse también los gérmenes de aquella corriente ideológica que un día había de conducir al abandono del conocimiento en provecho de la existencia, y cuyos excesos hemos puntualizado anteriormente.

Mas este aspecto no era urgente. El otro elemento del espíritu: el matemático, exacto, analizador, observador, experimentador, no había sido en modo alguno desviado de su rumbo; al contrario, ganaba cada día nuevas posibilidades por conexión con el elemento opuesto. El ideal rigurosamente crítico, basado sobre la naturaleza del hombre en general, como lo proclamara el siglo XVIII, se mantuvo incólume durante todo el siglo XIX.

Si perseguimos, pues, el proceso espiritual, dentro de límites muy amplios, hallamos que desde la mitad del siglo XVIII la percepción estética y sentimental ha ido penetrando poco a poco y cada vez más intensamente en el dominio del pensamiento, en cuanto éste le es accesible. La estimación estética y sentimental se abre paso en el entendimiento lógico.

En las obras de la belleza y del sentimiento va reduciéndose cada vez más el elemento racional en las formas de expresión. Este proceso espiritual alcanza su apogeo y su punto final cuando al conocimiento como tal se le niega el primado en la intelección y vivencia del mundo.

Lo peligroso en la irracionalización de la cultura consiste sobre todo en que se produce paralela y juntamente con el más alto desenvolvimiento de la capacidad técnica en el dominio de la naturaleza y con una exasperación del deseo de bienestar y de bienes terrenales. Es, por de pronto, indiferente que este deseo se manifieste en formas mercantiles individualistas o sociales colectivas, o nacionales políticas. El culto de la vida, tal como ha surgido de la irracionalización, tiene que incrementar necesariamente las tendencias inhumanas y egoístas en el afán de dominio y posesión. Es puro absurdo el creer que el colectivismo habría de excluir el egoísmo.

El contrapeso a esta colaboración destructora de diferentes factores sólo puede hallarse en los más altos valores éticos y metafísicos. Un regreso a la simple razón no nos sacaría del remolino.

No hay fundamento bastante para declarar que, si esto último es condición imprescindible, estemos ya marchando por el buen camino. Según todos los indicios, estamos pasando por la más aguda complicación de peligros que puede amenazar nuestra cultura. Se ha producido un estado de resistencia debilitada contra la infección y la intoxicación, un estado que podría compararse con la embriaguez. Se despilfarra el espíritu. La palabra, que es medio de intercambiar el pensamiento, pierde inevitablemente valor, al progresar la cultura. En cantidad cada vez más desmedida difúndese cada vez con mayor facilidad. Esa falta de valor, que aqueja a la palabra impresa u oída, incrementa en proporción directa la indiferencia hacia la verdad. Cuando gana terreno una actitud irracional del espíritu, amplíase en todos los órdenes la falsa intelección. La publicidad momentánea, incitada por tendencias mercantiles y sensacionales, convierte una simple discrepancia de punto de vista en una alucinación nacional. Las ideas del día exigen una actuación inmediata. Lo contrario de lo que ha sucedido con las grandes ideas, que siempre han ido penetrando muy lentamente en el mundo. Como el olor de asfalto y gasolina flota sobre las ciudades, así flota sobre el mundo una nube de palabrería.

El sentimiento de la responsabilidad, que aparentemente ha sido fortalecido por los lemas del heroísmo, queda en realidad sin base en la conciencia personal, y se actualiza en favor de toda la colectividad que pretende elevar su intelección limitada a la categoría de norma salvadora e imponer su voluntad. En toda asociación colectiva desaparece una parte del juicio personal, y con ella también una parte de la responsabilidad personal en el lema del grupo. Habiendo aumentado indudablemente el sentimiento que el mundo actual tiene de una responsabilidad colectiva, ha aumentado también al mismo tiempo el peligro de una acción de las masas irresponsables.

XX. Perspectivas

Nos hemos atrevido a llamar diagnóstico a esta nuestra reseña de los síntomas críticos. Pronóstico es palabra algo audaz para las conclusiones que van a seguir. La mirada no alcanza más allá de tres pasos. El horizonte está envuelto en niebla. Lo único que podemos hacer es pesar cuidadosamente ciertas posibilidades y suponer otras.

¿Queda espacio para una conclusión esperanzada después de haber enumerado tantos y tan graves síntomas de desequilibrio y debilitación? Siempre queda espacio para la esperanza y la confianza, que nunca pueden excluirse. Pero no es nada fácil llenar ese espacio.

Sí. Quien profese la doctrina que confiere a la "existencia" el primado sobre la "inteligencia", puede declarar que su pueblo no se siente decadente, sino, por el contrario, en ascensión hacia un desenvolvimiento estupendo de todas sus fuerzas. Para él, todos esos síntomas que nos parecen peligrosos son precisamente triunfos del espíritu a que sirve. Pero a nosotros se nos plantea el problema siguiente: si el bienestar, el orden, la salud y aun la concordia se restablecieran en el mundo, y ese espíritu siguiera dominando, ¿estaría salvada la civilización?

Una cosa sabemos, desde luego: que el mundo no puede volverse atrás en su camino. Lo hemos visto con perfecta conciencia cuando hemos reflexionado sobre la labor de la ciencia, la filosofía y el arte. El pensamiento y la potencia creadora tienen que seguir incansablemente por el camino en que las impele el espíritu. Y lo mismo ocurre con la técnica y su gigantesco mecanismo; y con todo el aparato económico, social y político. Es imposible pensar que se quiera ni se pueda limitar por intervención artificial el mecanismo omnipotente de la difusión de conocimientos, es decir, la enseñanza pública, la publicidad, la producción de libros; ni que se puedan o se quieran impedir nuevas posibilidades de tráfico, de técnica y de utilización de la naturaleza.

Sin embargo, esta perspectiva de un mundo cultural abandonado a su propio dinamismo, y en el cual se llegue a una dominación aún más completa de la naturaleza, a una publicidad cada vez más intensa e inmediata de todos los acontecimientos, representa más bien una imagen pavorosa, que una promesa de cultura purificada y restablecida, elevada a un nivel superior. Evoca representaciones de cargas inmensas, casi insoportables, esclavitud del espíritu. Hace mucho tiempo que esa perspectiva de una civilización en incesante desarrollo pone en nuestros labios esta pregunta anhelante: el proceso cultural que estamos atravesando, ¿nos arrastra a la barbarización?

Por barbarización cabe entender un proceso de la cultura en el cual un estado espiritual existente, de alto valor, es paulatinamente sofocado y suplantado por elementos de más bajo nivel. No necesitamos decidir si los portadores del elemento superior y los del elemento inferior son forzosamente opuestos como lo selecto es opuesto a la masa. En todo caso, para establecer esa polaridad sería necesario desprender de su base social los términos de selecto y de masa, concibiéndolos solamente como una actitud del espíritu. Ortega y Gasset sostiene este punto de vista en su *Rebelión de las masas.*

En el pasado no conocemos realmente más que un solo ejemplo de barbarización general y radical: la decadencia de la civilización antigua en el imperio romano. Pero –como ya hemos apuntado de pasada al principio de este libro– existe en las circunstancias una diferencia sustancial que dificulta la comparación. El anterior proceso cultural abraza un lapso de tiempo de casi cinco siglos; por otra parte, complicábase con fenómenos que ahora nos parecen lejanos. Además, la barbarización interna del mundo antiguo fue condicionada por estos tres factores: primero, una paralización en la función del organismo de Estado, que tuvo como consecuencia el hundimiento de las fronteras imperiales y la dominación ejercida por pueblos extraños invasores; segundo, el retroceso de la vida económica a un nivel de menor intensidad, y tercero, el advenimiento de una forma superior de religión, por la cual se abandonó casi completamente la antigua cultura, asumiendo la Iglesia, gracias a su organismo más sólido, la administración de la vida espiritual. En el proceso cultural de hoy no se advierte nada o muy poco de decadencia técnica ni de elevación religiosa.

Pero el baluarte de la perfección técnica y de la efectividad económica y política no preserva en modo alguno nuestra cultura de la barbarización. De todos esos medios puede servirse también la barbarie. Manejando esos perfeccionamientos, la barbarie se hace más fuerte y más tiránica.

En la radio encontramos un ejemplo de extremada perfección técnica, que tiene efectos útiles y saludables y que, no obstante, presenta consecuencias secundarias que amenazan con debilitar el contenido de la cultura. Nadie dudará un momento del valor eminente que posee este nuevo instrumento de comunicación espiritual. Pueden citarse innumerables beneficios obtenidos por la radio: las llamadas pidiendo salvamento, la música, las noticias para el que vive en lugares aislados. Sin embargo, como órgano de información y en su función diaria, la radio significa, en muchos aspectos, la regresión hacia una forma más ineficaz de transmitir los pensamientos. Y ello no solamente por los reconocidos males que acarrea el uso vulgar de la radio –audición sin atención, veleidades superficiales que degradan su manejo, convirtiéndolo en un desperdicio de sonido y espíritu. La radio, aun prescindiendo de estas deficiencias evitables, es una forma retrasada y limitada de absorber conocimiento. Para el ritmo de nuestra época, la palabra hablada resulta demasiado prolija. La lectura es la función cultural de mayor delicadeza. En la lectura el espíritu absorbe mucho más rápidamente, selecciona de continuo, entra en tensión, pasa algo por alto, hace pausas y reflexiona, realiza, en suma, en un minuto mil movimientos espirituales que le están vedados al oyente.

Un partidario de la radio y de la película como medios de enseñanza ha escrito un libro: *The decline of the written word* (*El ocaso de la palabra escrita*), en donde, con alegre convicción, vaticina un porvenir próximo en el cual los niños se alimentarán con reproducciones cinematográficas y con palabras habladas. ¡Enorme paso hacia la barbarie! ¡Eficacísimo medio para paralizar en la juventud el pensamiento y mantenerla en estado de puerilidad y además, probablemente, sumergida en profundo aburrimiento!

La barbarie no sólo puede coexistir con una elevada perfección técnica, sino que puede ir unida también a la general difusión de la enseñanza pública. Inferir el grado de la cultura por el retroceso del analfabetismo es ingenuidad de un período ya superado. Cierta cantidad de conocimientos escolares no garantiza en ningún modo la posesión de cultura. Observando el estado espiritual general de nuestro tiempo, ¿podría calificar alguien de pesimista exagerado al que se expresara en términos plañideros como los siguientes?

Por doquiera pululan el error y la mala inteligencia. Más que nunca parecen los hombres esclavos de vocablos y de lemas, que les inducen a matarse unos a otros. Homicidas son en el sentido literal de la palabra. El mundo está sobrecargado de odios y equivocaciones. No tenemos una aguja indicadora ni una estadística de la necedad, que nos digan si la mentecatez es mayor hoy que antes; pero desde luego sabemos que es más poderosa para hacer daño, y ocupa un trono más elevado. Para los que están podridos en su semicultura comienzan a faltar cada vez más los frenos salvadores del respeto a la tradición, al estilo y al culto. Lo peor es esa *indifférence à la vérité*, que se observa en todas partes, y que en el encarecimiento público del engaño político llega a su apogeo.

La barbarización hace su entrada cuando en una cultura vieja, que en el transcurso de muchos siglos se ha elevado a la claridad, al pensamiento y a la intelección depurados, lo mágico y fantástico, encumbrándose en el humo de los apetitos fogosos, oscurece el entendimiento; cuando el *mito* suplanta al *logos*.

Una y otra vez se percibe claramente que la nueva doctrina de la vida, la doctrina que encomia el heroico afán de poderío y exalta la "existencia" por encima del conocimiento, representa precisamente aquellas tendencias que, para el que profesa la supremacía del espíritu, significan la marcha hacia la barbarie. Esa filosofía de la vida es precisamente la que pone el *mito* por encima del *logos*. Para ella la palabra barbarie no puede contener menosprecio. El término mismo de barbarie pierde su significado, ya que significa precisamente eso mismo que quieren los nuevos dominadores.

Las grandes diosas del día: la mecanización, la organización, han traído a la par vida y muerte. Han hecho del mundo entero un conductor eléctrico; han establecido contacto en todas partes; han creado en todas partes la posibilidad de colaboración, de concentración, de mutuo entendimiento. Pero a la vez han provocado la sujeción, la paralización, el entorpecimiento del espíritu por los instrumentos que han dado al mundo. Han conducido a los hombres del individualismo al colectivismo, que los hombres han abrazado. Pero sin guía que dirija el entendimiento, los hombres no consiguen realizar más que lo que todo colectivismo contiene de malo –la negación de lo más profundamente individual, la esclavitud del espíritu– aun antes de haberse dado cuenta y haber comprendido lo que contiene de bueno. ¿Será el porvenir una mecanización cada vez más intensa de a sociedad, con arreglo a normas de mera utilidad y poderío, fijadas con clara conciencia?

Así lo ha visto Oswald Spengler, cuando ha establecido como estadio final de toda cultura decrépita el período que llama "civilización"; en el cual todos los viejos valores, antes vivos y orgánicos, ceden el puesto a la dominación exacta de los medios de poderío y al cálculo frío de los efectos deseados. En su pesimismo fundamental, nada le importa que la aplicación de tales medios tenga necesariamente que arrastrar la sociedad a la ruina. La ruina es para él el sino fatal e ineluctable de toda cultura.

Si se ahonda más en el esquema de la visión oscura que nos ofrece Spengler, adviértense inconsistencias que, incluso para él mismo, parecen aminorar su validez. En primer lugar, los criterios estimativos que aplica Spengler a los actos humanos aparecen en estrecha conexión con cierto sentido romántico. Sus conceptos de grandeza, "voluntad del más fuertes", "sanos instintos", sana alegría guerrera, heroísmo nórdico y cesarismo del mundo fáustico, tienen sus raíces hundidas en el suelo del ingenuo romanticismo. Además, es evidente, a mi parecer, que el curso de la civilización occidental en los diecisiete años transcurridos desde la aparición de *La decadencia de Occidente*, de Spengler, no ha sido de ningún modo el de un predominio del tipo *civilización*, tal como este autor lo concibe. Es sin duda cierto que la sociedad se ha desarrollado en la dirección de una mayor agudeza técnica y de un cálculo más frío de los efectos deseados; pero al mismo tiempo el hombre tiene cada vez menos dominio de sí; se ha hecho más pueril y reacciona más a los estímulos de la sensibilidad. No nos gobiernan esas águilas de acero que concibe Spengler. Quizá pudiera expresarse esto del modo siguiente: el mundo ofrece el cuadro que Spengler nos pinta de la *civilización*; pero contiene además una gran dosis de locura, de charlatanería y de crueldad, unidas a una gran dosis de sentimentalismo; nada de lo cual ha previsto Spengler. Ese ave de rapiña, esa noble fiera que, según él, ha de ser el hombre, debería estar exenta de todas esas flaquezas.

Nunca he comprendido por qué Spengler se ha empeñado en dar al hombre moderno, al hombre de fuerte espíritu y de alto valor, el nombre de la figura –poco acertada como creación dramática– en que se encarna la dilogía de Goethe. ¿Cultura fáustica, técnica fáustica, naciones fáusticas? A Fausto no se le puede calificar de fiera. Al menos, no puede decirse que Goethe lo concibiera así. Sólo en ciertas visiones románticas cabe encontrar fundamento para aplicar la figura de Fausto al mundo contemporáneo.

Bien mirado todo, parecen existir hartas razones para dar el nombre de barbarie a esa "civilización" de Spengler, que va unida al parecer con la ferocidad y la inhumanidad. ¿Quiere esto decir que compartamos el fatalismo de Spengler? ¿Quiere esto decir que no haya camino de salvación?

Tal vez el pasado nos ofrezca algún consuelo. Si repasamos los dos mil años de historia más próximos y distinguimos en ellos las unidades históricas a que damos el nombre de culturas, entonces vemos que los períodos de mayor florecimiento resultan siempre de corta duración. El proceso incesantemente repetido de nacimiento, desarrollo y decadencia, se verifica en unos pocos siglos. Si nuestros criterios de evaluación son justos, parece que el tiempo habitual de florecimiento sea de dos siglos: en la civilización de Grecia los siglos V y IV antes de Cristo; en la romana, el primero antes de Cristo y el primero después de Cristo (aquí caben variaciones de juicio); en la medieval, los siglos XII y XIII; en el Renacimiento y barroco juntos (es lícito y aun necesario tomarlos juntos), el XVI y el XVII. Por muy vagas y aun arbitrarias que hayan de ser tales delimitaciones, los períodos específicos de pleno desenvolvimiento no parecen en ningún caso largos. ¿Qué se quiere considerar el siglo XVIII y el XIX juntos como la época de la cultura moderna? Entonces nos hallaríamos poco más o menos al término de esta cultura que conocemos. Tal vez al comienzo de otra nueva, que no conocemos. Quizá de una cultura cuyo período de florecimiento se halla aún en lontananzas remotas. Para las civilizaciones no cabe aquello de: *le roi est mort, vive le roi.*

El sentimiento de estar cercanos a un término final nos es bastante familiar. Ya lo hemos dicho: no sólo es imposible imaginar un desarrollo progresivo de esta cultura, sino que ni siquiera cabe pensar que tal desarrollo nos traiga dicha o mejora.

Pero esta visión retrospectiva de la historia nos ha conducido a vanas especulaciones esbozadas con medios insuficientes. Frente a todos los síntomas que parecen anunciar la ruina, protesta unánime la humanidad de hoy, con excepción de unos cuantos fatalistas. Protesta con gran energía y dice: no *queremos* perecer. Este mundo, a pesar de sus miserias, es demasiado bello para dejarlo hundirse en las tinieblas de la degeneración humana y de la ceguera espiritual. No tenemos en cuenta que todo lo temporal camina rápido a su fin. Este patrimonio de los siglos, que se llama la cultura occidental, nos ha sido confiado para que nuestras manos mortales lo entreguen a las generaciones venideras tal como lo hemos recibido; aumentado y mejorado, si es posible; mermado y disminuido, si resultase necesario mermarlo; pero tan puro como lo sepa conservar nuestro mejor afán. Nadie podrá quitarnos la confianza en el trabajo, la fe en la posibilidad de salvación y el valor para conseguirla. No preguntamos por los que van a recoger los frutos de nuestro trabajo. El rey Necao de Egipto –según cuenta Herodoto–, intentó abrir el istmo entre el Nilo y el Mar Rojo. Se le informó de que ya 120.000 hombres habían perecido en esa labor y de que el trabajo no adelantaba. El rey consultó a un oráculo, y éste dijo: trabajáis para el extranjero (¡oh Cambises, on Lesseps!). Y el rey desistió del trabajo. Pero nuestro tiempo, pese a las advertencias de cien oráculos, diría: no importa, sigamos trabajando.

¿Dónde se encuentran los motivos de esperanza? ¿De dónde podemos esperar la salvación? ¿Qué es menester para conseguirla?

Los motivos de esperanza son de índole muy general. Son evidentes, banales si se quiere. En todo organismo, los síntomas de perturbación, de anomalía, de degeneración, atraen más la atención del enfermo que sufre los dolores y del investigador que observa los órganos. Los síntomas de enfermedad se manifiestan en nuestra cultura dolorosa y rumorosamente. Tal vez circule, no obstante, en el gran cuerpo de la humanidad la sana corriente vital con más fuerza de lo que imaginamos. La enfermedad puede, quizá, remitir.

En los grandes procesos de la naturaleza y de la convivencia vemos siempre, por lejos que se tienda nuestra mirada y alcance nuestro juicio, la agonía de la muerte unida a los dolores del parto. Siempre lo nuevo ha nacido de lo viejo. Pero el contemporáneo no sabe, no puede saber, qué es lo verdaderamente nuevo, lo destinado a triunfar.

A toda gran acción sigue la reacción. Si esta reacción parece acudir lentamente, tengamos paciencia, demos crédito a la historia. Nos sentimos inclinados a pensar que en nuestra sociedad, tan íntegramente organizada, articulada y sensible, la reacción debe seguir a la acción más rápidamente que hasta ahora. Pero podría muy bien suceder lo contrario. Precisamente por haber aumentado enormemente los medios para conservar un estado logrado, la reacción sobreviene con mayor lentitud. Cabe pensar que tiempos posteriores consideren este período en que vivimos –medio siglo escaso– como estela de la gran guerra.

Nada puede vaticinar la historia, sino esto sólo: que nunca se produce un gran cambio en las relaciones humanas, que vaya a parar a las formas pensadas por los que le anteceden. Sabemos positivamente que las cosas llevan un curso distinto del que *podemos* pensar. En el resultado de un período hay siempre una componente que no se comprende hasta después; es *lo nuevo*, lo inesperado, lo antes inconcebible. Este elemento desconocido *puede* representar la perdición. Pero mientras le sea dado a la esperanza vacilar entre la perdición y la salvación, el deber del hombre es esperar.

No es imposible rastrear signos indicadores de que el factor desconocido trabaja para bien. Hay numerosas tendencias que, pese a las fuerzas destructoras, siguen intactas en el sentido de la cultura renovada y restablecida. ¿Quién no reconocerá que en las esferas no afectadas inmediatamente por los males del tiempo –aun bajo su presión– se trabaja de innumerables modos, con medios cada vez más perfectos, con abnegación absoluta, para la salvación de la humanidad? Se trabaja construyendo, fabricando, pensando, creando, dirigiendo, sirviendo, cuidando, guardando. O solamente viviendo, como viven los modestos y humildes, sin saber nada de la lucha por la cultura. No turbada por la necedad ni la violencia, una enorme porción de la vida actual –hombres callados, de buena voluntad– continúa tranquilamente laborando para el porvenir, según sus fuerzas. Esos hombres se guarecen en una zona espiritual, en donde la malicia del tiempo no tiene entrada, ni la mentira curso. No caen en el tedio de la vida, ni en la desesperación, por sombrío que sea su Emaús.

Esparcida por todo el mundo hay una congregación de hombres dispuestos a aceptar lo nuevo, si es bueno; sin abandonar lo viejo aquilatado. No están unidos por lemas ni signos. Su comunidad es la del espíritu.

Una señal muy elocuente del impulso hacia la salvación es la siguiente: Más que nunca las naciones se han retirado al solar de su soberanía; algunas de ellas profesan francamente que nada saben ni quieren saber de lo que pasa fuera. En algunos países se ha abjurado oficialmente el internacionalismo. Al propio tiempo se ve que, precisamente por el vehemente aislamiento de los Estados, el juego de sus relaciones asume cada vez más la forma de una política mundial. Una política mundial con medios defectuosos, con juegos peligrosísimos –cada momento puede desencadenar una catástrofe–; pero una política mundial que se realiza "a pesar de todo", ineludiblemente, como si la necesidad de concordia sobrepujara toda discordia y paralizara toda arbitrariedad.

Pero, aunque sea legítima la esperanza, ¿de dónde ha de venir la salvación? No debemos esperarla del "adelanto" como tal. Bastante hemos "adelantado" en la capacidad de echar a perder el mundo y nuestra comunidad. Por indispensable y edificante que sea, el progreso de la ciencia y de la técnica no ha de traernos la salvación de la cultura. La ciencia y la técnica no bastan como fundamentos de una vida cultural. Los síntomas de debilitación espiritual son demasiado profundos para que el pensar crítico y la capacidad de fabricar instrumentos puedan prometer la curación por sus propias fuerzas.

Aquí el problema llega a un terreno que hasta ahora hemos esquivado: el de la coherencia entre la crisis espiritual y las relaciones sociales y económicas. Si prescindiéramos en absoluto de este punto, parecería como si dicha coherencia no mereciese consideración por nuestra parte. Es preciso dedicar algunas palabras a esta relación de trascendental importancia.

Para muchos pensadores contemporáneos la solución del problema cultural hállase contenida en la del problema social-económico. No son sólo los marxistas de pura cepa los que están convencidos de ello. El pensamiento económico ha influido en nuestro tiempo hasta tal punto que muchos espíritus, aunque no profesen los axiomas marxistas, consideran como cosa sabida que el mal espiritual radica, al fin y al cabo, en la imperfección social-económica. Esta convicción está unida muchas veces a la idea de que los grandes desplazamientos y trastornos, que presenciamos cotidianamente en el terreno social-económico, demuestran que vivimos en una época de cambios radicales en la estructura de la sociedad; época de reconstrucción, como Karl Mannheim la denomina sin titubear. Los signos de tal cambio son, en efecto, bastante imponentes. Después de muchos siglos de relaciones aproximadamente constantes, aparece ahora minado y vacilante todo cuanto antaño se consideraba como firme y sólido en el orden de la producción, del intercambio, del valor, del trabajo y de la autoridad del Estado. Los principios de la propiedad privada y de la empresa libre parecen vacilar en sus fundamentos. Nos acercamos –tal es la conclusión– a una nueva y diferente estructuración de la vida social.

Esta representación de una nueva estructura está basada, desde luego, mayormente en el conocimiento de paralelos históricos. Ya dos veces el Occidente ha conocido tales cambios: en la transición de la sociedad antigua a la feudal y en la de la feudal a la fundada en el capitalismo. Pero si consideramos detenidamente el caso, resulta más difícil de lo que parece comparar los dos ejemplos citados con los procesos actuales. Aquellos dos ejemplos se nos ofrecen en un escorzo y simplificación que es imposible de evitar.

El proceso de la feudalización ha necesitado para su consumación ocho o nueve siglos. Está ya iniciado en el tiempo de los emperadores romanos. No llega a su término hasta el siglo XI. La transición de la sociedad feudal a la burguesa capitalista se extiende sobre un lapso de tiempo que va desde los alrededores de 1100 hasta 1900; y el cambio total es menos intenso de lo que supone la representación corriente.

Rapidísima, en cambio, es la peripecia que creemos presenciar hoy en las relaciones económicas y sociales. No hay paralelos históricos de ella. Las dos alteraciones estructurales anteriores son también menos radicales que la idea que solemos tener de la transformación actual. Ambas se llevaron a cabo sobre la base perenne de un principio intacto: la propiedad y el derecho de sucesión privada, En realidad, todas las altas culturas de que tenemos conocimiento (el comunismo de Estado en el antiguo Perú es un dato demasiado incierto) se han basado en esos mismos fundamentos. Desde el punto de vista histórico, la idea de una alteración estructural rápida e intensa en nuestra sociedad constituye, pues, una hipótesis atrevida.

Cabría pensar que esta alteración estructural (admitiendo que esté en curso) se verifica por sí misma, y que ha de traer consigo una forma propia y nueva de cultura. Ello estaría de acuerdo con el antiguo materialismo histórico. La mayoría de los pensadores, sociólogos y economistas opinan, sin embargo, que nuestro tiempo no es comparable con los anteriores períodos de crecimiento cultural más espontáneo; ahora, la intelección de los problemas es incomparablemente mayor, así como la voluntad consciente de resolverlos y el dominio de los medios para lograr la solución. El enfermo mismo se encarga de su propia curación. ¿Es posible que una sociedad, actuando por sí misma de modo ordenado, realice su voluntad de restablecimiento y mejora, delimite el camino para conseguir su salvación y proyecte y aplique los medios? Muchos opinan que sí. Muchos creen en una posible ordenación. Muchos admiten la posibilidad de mecanizar las funciones de producción, de intercambio y de consumo, hasta el punto de eliminar los perturbadores impulsos humanos. Imaginan una sociedad en donde la emulación, la aventura y el amor al riesgo queden suprimidos; en donde el egoísmo individual se convierta en un egoísmo colectivo, inánime, que por todas partes se estrella, sin fuerzas, contra una resistencia idéntica. Mas ¿podría esta sociedad ser una sociedad de cultura?

Pero lo que el pensamiento político espera de la ordenación no es solamente el restablecimiento económico. Cree también poder reajustar las formas de la comunidad misma, según criterios preestablecidos. Cada vez que la vida política tiende a remozarse, florece de nuevo la antigua metáfora indispensable del Estado como un organismo. Un vivo sentimiento del organismo político comprende las nociones todas que se contienen en la definición del concepto de cultura: equilibrio, armonía, tendencia común, servicio, honor y lealtad. Sin duda alguna hay un hondo sentimiento de la cultura en el actual anhelo de renovar la ordenación de la comunidad estatal en estamentos o "estados" –en el sentido medieval de la palabra–, unidades vivientes, articulaciones naturales. Si de hecho consiguiera un Estado llegar a ser un organismo en que se realizase esa noble relación de servicio mutuo, de modo que el hombre se sintiera en su "estado", en su lugar propio dentro de la comunidad, entonces habría restablecido, al menos, la base de la cultura. Pero sería preciso que este concepto de servicio mutuo encerrara algo más que la obediencia a un poder orientado exclusivamente hacia su propia conservación y refuerzo, a fin de garantizar la seguridad de la vida en su propia comunidad. Porque una aspiración de tal índole no basta para la verdadera cultura. Hace falta un nuevo espíritu.

Si ni el cambio estructural ni la ordenación pueden prometernos ese nuevo espíritu, ¿serán las Iglesias que lo hayan de traer? Es probable que las Iglesias salgan fortalecidas y purificadas de las persecuciones que están sufriendo ahora. Cabe pensar que en un período subsiguiente el sentido religioso latino, germánico, anglosajón y eslavo se reúnan, compenetrándose mutuamente, en el fondo inquebrantable del Cristianismo, en un mundo que comprenda también la rectitud del Islam y las profundidades del Oriente. Pero las Iglesias, como organización, sólo podrán triunfar cuando hayan purificado los corazones de sus creyentes. No podrán atajar el mal con prescripciones e imposiciones de su voluntad.

XXI. KATHARSIS

No se espere que la salvación venga de los poderes ordenadores. Los fundamentos de la cultura son de índole muy especial y no pueden sustentarse ni mantenerse en órganos colectivos, ya sean naciones, o Estados, o Iglesias, o escuelas, o partidos, o asociaciones. Lo que hace falta es una purificación interior que conmueva a los individuos. El hombre tiene que cambiar de *habitus* espiritual.

Muy lejos ha caminado ya el mundo actual por el camino que conduce a la negación general de toda norma ética absoluta. Apenas si reconoce ya una distinción auténtica entre el bien y el mal. Propende a considerar esta crisis por que atraviesa la civilización, como una mera lucha entre tendencias contrarias, una lucha por el poder entre enemigos. Sin embargo, la posibilidad de esperanza depende tan sólo de que se reconozca que en esta lucha las acciones se ordenan con arreglo a un principio de lo absolutamente bueno y lo absolutamente malo. De donde se deduce que es imposible comprender la salvación de la cultura en el triunfo de un solo Estado, de un solo pueblo, de una sola raza, de una sola clase. La mayor degradación del sentimiento humano de la responsabilidad consiste en subordinar las normas de la aceptación y la repulsa a una finalidad fundada en el egoísmo.

Cada día plantéase con más urgencia el dilema ante el cual nos pone el tiempo. Contemplemos una vez más el mundo en su confusión política. Por doquiera embrollos que, dentro de poco, exigirán imperiosamente una solución. Pero es el caso que cualquier espectador verdaderamente imparcial ha de reconocer la imposibilidad de encontrar una solución que no perjudique a algún interés legítimo, ni frustre algún deseo razonable.

Trátase unas veces de minorías nacionales; otras, de fronteras trazadas absurdamente; otras, de prohibiciones que impiden agrupaciones naturales; otras, de relaciones económicas insoportables. Cada una de estas condiciones es tolerada con una exasperación que las convierte en otros tantos focos peligrosísimos, hogueras dispuestas a arder al menor chispazo. En cada una de esas condiciones, un derecho se opone a otro derecho. Sólo hay dos posibilidades de solución. Una es la fuerza armada. La otra es un arreglo a base de intensa benevolencia internacional, de renuncia mutua a exigencias razonables, de respeto por el derecho e interés ajenos. En definitiva, la solución del desinterés y de la justicia.

El mundo actual se encuentra, al parecer, más lejos que nunca de estas virtudes. Son muchos ya los hombres que han abandonado incluso la fundamental exigencia de la justicia internacional y del bienestar internacional. El Estado de poderío desenfrenado absuelve de antemano, con sus doctrinas, a todo usurpador. El mundo está desamparado, amenazado por la locura de la guerra destructora, que lleva en su seno una nueva especie de espanto o salvajismo.

Hay fuerzas públicas que actúan para atajar el mal insondable y trabajan por llegar a acuerdos y conciertos mutuos. El más pequeño éxito de la Sociedad de Naciones –aunque lo acoja Marte con escarnio sardónico– vale ahora más que toda una galería de glorias navales y militares. Pero si no cambia el espíritu, no bastarán, a la larga, las energías de un sensato internacionalismo. Y así como el restablecimiento del orden y el bienestar en sí no garantiza la purificación de la cultura, así tampoco cabe esperarla de los esfuerzos meritorios por prevenir la guerra mediante la política internacional. Una cultura nueva sólo puede ser obra de una humanidad purificada.

Los griegos llamaban *katharsis* (purificación) al estado de espíritu en que quedaban después de haber contemplado la tragedia. Es el silencio del corazón, cuando la compasión y el terror han desaparecido. Es la purificación del alma, cuando ha comprendido la causa profunda de las cosas, purificación que nos prepara de nuevo para los actos del deber y para la aceptación del destino, que quebranta en nosotros la *hybris*, tal como la representaba la tragedia y que desarraiga en nosotros los apetitos vehementes de la vida conduciendo nuestra alma a la paz.

Para la liquidación espiritual que nuestro tiempo necesita hace falta un nuevo ascetismo. Los depositarios de una cultura purificada tendrán que ser como los que se despiertan a las altas horas de la madrugada. Tendrán que sacudir sus pesadillas, los malos sueños de su alma, que suben del fango y a él quieren volver; el sueño de su cerebro, que no es más que alambre, y el de su corazón, que es vidrio; el sueño de las garras en que se deforman sus manos, y el de los colmillos, que les crecen entre los labios. Tendrán que recordar que al hombre le es posible *querer* no ser una fiera.

El nuevo ascetismo no será renuncia al mundo y salvación celestial, sino dominio de sí mismo y estimación moderada del poder y del goce. Habrá que mitigar un tanto la sublimación de la vida. Habrá que recordar que ya Platón describía la actividad del sabio como una preparación a la muerte. Una orientación firme en la doctrina de la vida y del sentimiento de la vida hacia la muerte, aumenta el buen uso de las fuerzas vitales.

El nuevo ascetismo tendrá que ser una entrega de sí mismo a lo supremamente concebible. Ello no puede ser ni el Estado, ni el pueblo, ni la clase, ni a propia existencia personal. Felices los que en ese supremo principio sólo ven el nombre de Quien dijo: "Yo soy el camino, y la verdad, y la vida."

Algo de esa actitud espiritual, necesaria para el restablecimiento de la cultura, va insinuado en los fascismos del día; pero está impurificado, complicado con un puerilismo extravagante, dominado por los gritos de la bestia enjaulada, manchado por la mentira y el engaño. A la juventud que, sea como sea, ha de llevar esta cultura a su fase venidera, no le falta la buena voluntad para servir y acostumbrarse a las privaciones y realizar actos de sacrificio. Pero la debilitación general del juicio y el desarraigo de las normas morales le impiden aquilatar el valor más hondo del principio que ha de defender.

No se puede distinguir claramente de dónde ha de partir la indispensable purificación de los espíritus. ¿Tenemos que pasar todavía por simas más profundas? ¿O está ya en curso la unión de los hombres de buena voluntad por todo el mundo, unión invisible en los confusos rumores del día? Repito que el fomento de la sensibilidad internacional no basta. No obstante, es de suma importancia que el trabajo paciente de preparar los espíritus para tiempos mejores continúe como hasta ahora en varios luga-res del mundo, en pequeños grupos de gente unánime, en círculos reduci-dos, en organizaciones oficiales internacionales, ya eclesiásticas o políticas o de cultura general. Dondequiera que despunte una planta delicada, de verdadera *internacionalidad*, protegedla y regadla. Regadla con el agua viva del propio sentimiento *nacional*, con tal de que sea pura. Y crecerá tanto más lozana. El sentido internacional –que ya en la palabra misma supone la continuación de las nacionalidades, pero de unas nacionalidades que convivan unas con otras y no hagan de las diferencias discrepancias– puede llegar a ser el envase de la nueva ética, en que se suprima la antítesis de colectivismo e individualismo. ¿Es una ilusión vana soñar que este mundo pueda llegar a ser tan bueno? Aunque sea ilusión, debemos mante-ner el ideal en esas alturas.

Pero ¿no existe contradicción entre estos deseos o esperanzas de purifi-cación espiritual, de *katharsis*, que sería algo así como una conversión o contrición o renacimiento, y algo que creímos deber consignar al princi-pio? Anteriores épocas de la historia –decíamos–, en su anhelo de convi-vencia mejor, pusieron su esperanza en una vuelta completa, en una inte-lección, en un recogimiento, en un giro consciente e inmediato hacia el bien; nuestro tiempo, en cambio, sabe que las grandes modificaciones espi-rituales y sociales se llevan a cabo en desenvolvimiento gradual, y, a lo sumo, se apresuran por sacudidas. ¿Vamos ahora a exigir y esperar, no obs-tante, una vuelta total y aun, en cierto sentido, un retorno?

Nuevamente tropezamos aquí con la determinación antinómica de nues-tro juicio. Nos vemos obligados a admitir una gran porción de verdad en las visiones anteriores. Es forzoso pensar que hay una posibilidad de con-versión y vuelta completa en la marcha de la civilización, a saber: cuando se trata de reconocer o de redescubrir verdades eternas, verdades que están fuera de todo desarrollo y variación. Y lo que importa son esos valores.

Para el hombre maduro es mucho más fácil que para el joven soportar un tiempo de abrumadora presión espiritual como éste. El hombre hecho sabe que sólo tiene que sobrellevar el fardo de los tiempos durante una breve parte del camino. Recuerda con resignación cómo estaban las cosas o cómo parecían estar las cosas cuando empezó a llevar su carga, y cómo prometen desenvolverse ahora. Su ayer y su mañana casi se confunden. Sus temores y sus cuidados se alivian en las cercanías de la muerte. Coloca su esperanza, su confianza y su voluntad y fuerza de actuación en las manos de los que aún tienen ante sí la tarea de vivir. A ellos queda reservada la grave obligación de juzgar, de elegir, de trabajar, de actuar. A ellos les ha sido transferida la pesada responsabilidad. A ellos está reservado el conocimiento de lo venidero.

El que escribe estas páginas pertenece al grupo considerable de los que, por su trabajo profesional y por su vida personal, gozan el privilegio de estar siempre en contacto con la juventud. Está convencido de que la joven generación de hoy no le cede en aptitud para las dificultades de la vida a las generaciones anteriores. Ese relajamiento de los vínculos, esa confusión y maraña de los pensamientos, esa difusión de la atención, ese despilfarro de las energías, todas esas condiciones que han presidido al desarrollo de esta generación, ni la ha debilitado, ni la ha tornado lenta ni indiferente. Parece franca, amplia de ideas, espontánea, tan pronta a los goces como a las privaciones, rápida en su decisión, valiente y de gran sentido. Camina con pies más ligeros que las generaciones anteriores.

A esa joven generación le incumbe la tarea de dominar otra vez este mundo, tal y como él mismo quiere ser dominado; no dejarle naufragar en la insolencia y la locura; infundirle mucho espíritu nuevo.

FIN

www.sequitur.es

Jacob Burckhardt
Sobre las crisis en la historia

Arthur Schopenhauer
Los dolores del mundo

Ulrich Horstmann
El monstruo; perfiles de una filosofía antropófuga

Heinrich Heine - Chateaubriand
París 1832: epidemia de cólera

Séneca
De la ira

Jean-Paul Richter
Elogio de la estupidez

Julius Bahnsen
Breviario pesimista

Philipp Mainländer
Fragmentos pesimistas

Frederick C. Beiser
Weltschmerz: el pesimismo en la filosofía alemana, 1860-1900

Juan de Mariana
De la tiranía

Miguel de Unamuno
La crisis del patriotismo

Manuel García MorenteM
Idea de la Hispanidad

Stefan Zweig
El misterio de la creación artística

www.sequitur.es